ベトナム革命の隠れた英雄

チャン・ヴァン・ザウの生涯

菊池誠一　編・訳

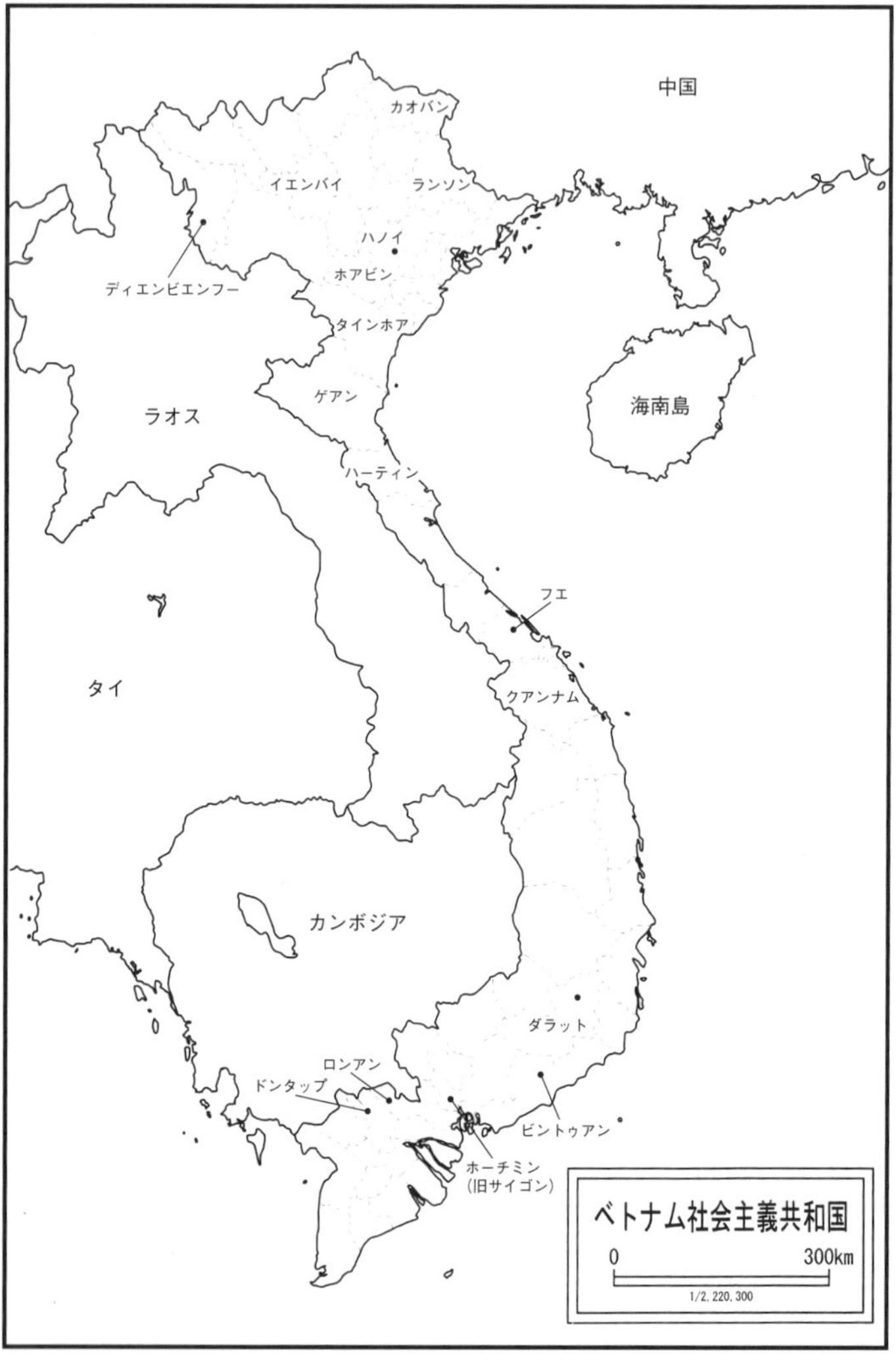
中国
カオバン
イエンバイ
ランソン
ハノイ
ディエンビエンフー
ホアビン
タインホア
ゲアン
ラオス
海南島
ハーティン
フエ
タイ
クアンナム
カンボジア
ダラット
ロンアン
ドンタップ
ビントゥアン
ホーチミン
(旧サイゴン)
ベトナム社会主義共和国
0
300km
1/2,220,300

本書に登場する地名

はじめに

地上の全ての人類は生まれた時から平等であり、そして全ての人々は生きる権利、幸せになる権利、そして自由の権利を持っている。（中略）わたしたち民族は、フランスからではなく日本の手からベトナムの国を取りもどした。

日本がポツダム宣言に調印した一九四五年九月二日、ベトナムが日本の支配から独立したことを宣言する、ホー・チ・ミンの独立宣言の一文です。アメリカの独立宣言から引用したものでしたが、皮肉にもその二〇年後、ベトナムはアメリカとの泥沼の戦いに突入します。

ホー・チ・ミンがハノイで独立宣言を高らかに謳いあげていたその時、ベトナム南部の都市サイゴン（現、ホーチミン市）でも、独立を祝う式典が挙行されました。集まった民衆に向け、本書の主人公であるチャン・ヴァン・ザウ（Trần Văn Giàu、一九一一〜二〇一〇年）

はよびかけました。

進もう！　独立と自由のために絶えず進もう！

人びとの愛国心を鼓舞した三四歳の若き革命家の言葉に、ベトナム南部の民衆は惜しみない拍手で応えました。

この日を迎えるまでのおよそ一〇〇年間、ベトナムはフランス、そして日本の支配地となり、ベトナムの人びとは屈辱と抵抗の日々を過ごしてきたのです。

〝革命の英雄〟チャン・ヴァン・ザウは一九一一年にベトナム南部の裕福な地主家庭に生まれました。そのころベトナムは、フランスの植民地、仏領インドシナとなっていました。かれは一七歳でフランスに留学し、その後、ソビエト連邦（現、ロシア）にも留学し、科学的社会主義（マルクス・レーニン主義）と民族解放理論を学びました。一九歳になった一九三〇年にはインドシナ共産党（現、ベトナム共産党）に入党し、仏領インドシナ政府を打倒するための闘争を展開しました。そして逮捕されれば獄中にあっても、収監中の政治犯らにマルクス・レーニン主義を講義し、過酷な重労働にたいしてハンガーストライキを組織し、闘いの炎をもやしつづけたのでした。

このようにして、祖国の独立を望む人びとの信望をえたかれは、一九四三年にベトナム南部の共産党書記長に就任しました。

そのころベトナムは、一九四〇年にはじまる日本軍の進駐により、フランスと日本による共同支配地となっていましたが、日本が敗戦を迎えると、一九四五年八月一六日、ホー・チ・ミンを首班とするベトナム民主共和国臨時政府が誕生しました。南部では同二三日に各省で蜂起がはじまり、その指導者が南部の共産党書記長で南部蜂起委員会の主席でもあった三四歳のチャン・ヴァン・ザウでした。

九月二日、ホー・チ・ミン大統領はハノイのバーディン広場で独立宣言をしました。南部のサイゴン市（現、ホーチミン市）では、チャン・ヴァン・ザウが南部臨時行政委員会主席として独立式典で演説をしました。それが前述の言葉だったのです。

その後、チャン・ヴァン・ザウは政治の第一線からはなれ、一九五六年に創立されたハノイ総合大学の初代教授としてベトナム近現代史の開拓をすすめました。膨大な業績を残すとともに、現在のベトナム歴史学会の基礎を固めた四人の柱（ディン・スオン・ラム教授、ファン・フイ・レー教授、ハ・ヴァン・タン教授、チャン・クオック・ヴオン教授）を育てました。

とくにザウ教授が解明したベトナムの近現代史、つまり植民地支配からの解放の道は、科学的社会主義理論を自国に創造的に適応するだけではなく、ベトナムの伝統的な愛国主義をとりこんだものでした。さらに人類文明にたいするひらかれた視座をもっていたホー・チ・ミン主席の考えとかれの清貧で高潔な姿、個人の資質までを包摂するものでした。ベトナムにおける社会主義建設にあたって、ホーチミン思想の重要性を指摘した最初の学者です。

一九八〇年代から、ソ連をはじめ世界のいわゆる社会主義国は崩壊しました。その原因を科学的社会主義の理論にもとめる考えが広がりました。しかし、今では明らかになっていますが、崩壊の原因は指導者・指導者層の巨悪や腐敗、独裁体制や民衆への弾圧、自由の抑圧、民主主義思想や人権意識の欠如など、科学的社会主義理論とは無縁だったことです。

ザウ教授が説いた科学的社会主義の理論は、まだ生きているのです。現在のベトナム政権党であるベトナム共産党の方針を学術的に位置づけるものであり、現在のベトナム社会を理解するうえで、また、今後の社会主義社会のあり方を考えるうえで、かれの業績は重要であり、示唆に富むものとなるでしょう。

ザウ教授は、二〇一〇年に一〇〇歳の長寿をまっとうしました。かれの一〇〇年の生涯は革命と歴史学研究に捧げられました。その前半生が革命家としての顔を、後半生が学者としての顔をもっていました。晩年、土地・家屋など私財をすべて処分し、えられた資金をもとに、研究者支援のための助成制度を創設しました。その生涯を革命と研究に捧げた稀有な人物です。

本書は、グエン・ファン・クアン氏の聞書き『チャン・ヴァン・ザウ教授からの聞書き』（ホーチミン市総合出版社、二〇一一年）の教授の語りの部分を訳出し、その内容を理解しやすいように、原書にはない注をつけました。クアン氏はザウ教授の古い教え子であり、元大学教授です。

また、ザウ教授の想い出がまとめられた『チャン・ヴァン・ザウ―一〇〇年の象徴』

（チェー出版社、二〇一三年）から、一九四五年の独立宣言のときの教授の行動を紹介したティエン氏の回想と大学の教え子であるファン・フイ・レー教授の回想を訳出し、これにも原書にない注をつけ、聞書きの肉づけをしました。そして、解説の項では教授の生涯を歴史のなかに位置づけるために時代背景を記し、また、歴史学者・教育者としての業績やその姿を紹介しました。

訳者は、チャン・ヴァン・ザウ教授の謦咳に接したことはありません。訳者の専門がベトナム考古学であり、ベトナム考古学界に史的唯物論を導入したのはだれか、という関心からたどりついたのが、チャン・ヴァン・ザウ教授でした。

そのため、ベトナム近現代史研究者ではないわたしが、いきおい訳出と解説を執筆してしまいました。本来ならば適任者ではありませんが、ご寛恕を乞うしだいです。

なお、訳出にあたり、読みやすいように内容の入れ替えや補充をし、また小見出しをつけたことをお断りします。

《目次》

ベトナム革命の隠れた英雄

——チャン・ヴァン・ザウ教授からの聞書き

グエン・ファン・クアン（元大学教授）

故郷のこと

わたしは一九一一年生まれで、昔はタンアン[1]とよばれていた、今のロンアン[2]の出身です。家は一五ヘクタールの土地をもつ地主でした。

省の大部分がタップムオイ平原[3]で、カユプチ樹[4]の森と酸性土壌の地、文学や学問にはほとんど縁のない土地柄です。知識人では、過去にビントアン[5]の官吏になったグエン・トン氏[6]がいたくらいです。一般的には、苦しみにあえぐ労働者の土地であり、人生の成功をおさめる土地ではありませんでした。

しかし、そのようなジャングルと水路で覆われている土地のため、抵抗戦争の拠点にもなりました。西欧人がやってくると、その時代のことについてわたしが聞いたり、調べたりしましたが、わたしの父はトゥー・ホア・ファン蜂起[7]のときに兵士であり、蜂起の場所はわが家からそんなに離れていません。わが一族からも多くの死者がでました。成長すると、毎年わたしはその蜂起で亡くなったひとのお墓参りに行きました。〝七墓〟とよばれる墓があり、これは七名が一列になり、銃殺されたことを意味します。墓参りにいくたびに大きな感動をうけました。

第一次世界大戦になると、ふたりの兄(一五、六歳と二〇歳)が天地会[8]に参加し、サイゴンのハムロン監獄[9]を攻撃しましたが、失敗し村に引きあげてきました。そのことは当時の幼いわたしの精神にすくなからず影響をあたえました。はじめて、ほんの少しですが、政治を知るようになりました。

サイゴンで学ぶ

一九二五〜一九二六年、わたしはサイゴンの学校で学ぶようになりました。しかし、政治思想があるわけではなく、ただ西欧にたいして反対、と叫んでいるだけで、まだ愛国主義を深く考えているわけではありませんでした。しかし、当時、わたしはグエン・

アン・ニン氏の運動、そしてファン・チャウ・チン氏の運動の影響をうけました。当時、わたしは規模が大きく、レベルの高いシャセループ・ラウバト（現在のレ・クイ・ドン）学校で学んでおりました。そして、グエン・アン・ニン氏のよびかけを理解できるようになりました。とくに、家の封建思想に反対する闘争や、そのため若者が家にいて身動きできないため、家を離れ、遠くに行って理想をみつけるように訴えたことです。とても興味深いと感心したのは、それがはじめてでした。家のなかにいて儒教思想の束縛をうけるのではなく、理想をもとめに故郷、国を去り、遠くまで旅をしなければならない。それが最初に頭に浮かんだことです。

一九二六年にファン・チャウ・チン氏が亡くなりました。わたしと学校の生徒たちは、ファン・チャウ・チン氏の葬儀デモに参列するために学校を封鎖しました。以前、グエン・ティ・ビン[12]女史にお会いしたき、ファン・チャウ・チン氏の葬儀に参列し、今、生きているのは、わたしが最後です。といったことがありました。わたしたちの学校全体がこの大きな葬儀デモに参加しました。そして、わたしたちの学校は裕福な学校でしたので、放校処分をうけたのはわずかでした。わたしは処分されませんでしたので、学校にとどまることができました。しかし、当時の政治情勢では、静かに勉強のできる環境ではありませんでした。

学校の状況はこのようであり、さらに社会はより激しさをましていました。グエン・アン・ニン事件やファン・チャウ・チン事件があり、グエン・アン・ニン氏の新聞“La Cloche Fêlée”（「ひびの入った鐘」）が政府を激しく攻撃していました。弁護士のファン・ヴァン・チュオン博士[13]は、偉大なフランス革命の自由、平等、博愛の理想について語り、かれの書いたものにたいへん興味がありました。かれは仏領期のモニン弁護士でフランス語が上手でした。グエン・アン・ニン氏とファン・ヴァン・チュオン氏の文章を読み、また勇ましい政治演説を聴きました。わたしはこのように影響をうけたのです！

ファン・チャウ・チン氏の葬儀デモののち、何人かの生徒は学校を追放され、ほかの生徒はグエン・アン・ニン氏が訴えたように新しい思想をみつけるためにフランスに逃亡しました。わたしもそのなかにいて、家や国を離れて新しい思想をみつけたいと思っていました。しかし、その新しい思想がなんであるかは、はっきりとしませんでした。古い考えではなく、長い間まっていた、より高い理想があるに違いありません。そこで、両親にフランスへ行かせてもらいました。

わたしの考えは、フランスに行ってよく勉強し、法律と文学の博士号を取得することでした。サイゴンにもどったとき、良い弁護士になり、モニン氏のように雄弁な議論で民衆を擁護し、また文学博士号を取得し、グエン・アン・ニン氏やファン・ヴァン・チュオン氏と同じくらい深く良い文章を書けるようになることでした。そのことがすべてでした。つまり、官吏になることではなく、弁護士やジャーナリストになることでした。フランスから帰国後、わたしは革命家になるのではなく、弁護士事務所を開き、国民を守るために新聞を発行したいと思っていました。このようにわたしの目標は低く、ごくありふれていました。人びとへの愛情、そして反仏の単なる愛国心であり、まったく革命的ではありませんでした。

　このようでしたので、両親もフランスに行くことをわかってくれました。また、しっかり勉強していたので、フランスに行けば成功するだろうとかたく信じていました。しかし、家では西欧に行く前に、まず婚約者[14]に訊かねばなりませんでした。おそらく西欧に行って〝フランス人の奥さん〟を探すことを恐れていたのでしょう。わたしは彼女に訊きました。その女性は今ここにいます（先生は微笑んで、奥様にふりむきました）。当時、わたしはようやく成長した水牛のようでした。両親はこの水牛を縛りつけ、周囲を歩かせたいだけで、遠くに行かせたくなかったのでした。

フランス留学と共産党入党

わたしは一九二八年にフランスに行きました。そして、わたしは共産主義運動の強い街、トゥールーズ[15]で政治活動に参加しました。わたしはベトナム人を擁護するフランス人がいることに気づきました。かれらは共産主義者でした。それでわたしはかれらの考えに〝感染〟してしまいました。西欧を嫌う自分もいますが、渡仏してみて自分たちを擁護する西欧人を深く愛するようになりました。その後、フランス人の勧誘でフランス共産党[16]に入党。わずか一八歳のときでした。

フランス共産党の宣伝工作を支援するため、フランス南部に駐留しているベトナム兵[17]にたいして植民地主義に反対するための宣伝の新聞を作成しました。フランス南部は暖かい地域なので、フランスは南部にベトナム兵を駐屯させており、北部にはベトナム兵が少なかったのです。わたしはすぐに対応しましたが、新聞記事を書けるような年齢ではありませんでした。新聞は〝赤旗〟ですが、フランス人の記事をベトナム語に翻訳するだけでした。それをフランス人たちが印刷しチラシを配りましたが、わたしにとっては記事を書くだけの力がまだ十分にありませんでした。

一九二九年から政治にかかわりはじめました。その仕事を秘密にしながら、学校でも勉強していました。一九三〇年になると、耳を疑うような大きな出来事が発生しました。それがイエンバイ蜂起[18]です。以前は、デモもまったくなく、静かなところだったのです！その後、突然、イエンバイ蜂起があり、それが失敗したのでした。西側は首謀者を捕まえ、処刑しました。一三人に死刑を執行し、そのなかにグエン・タイ・ホック氏[19]やキーコン氏[20]などがいました。

フランスにいて、このような情報を聴いてもどうすることもできません。フランス留学でわたしはふたつの博士号を取得し、新聞を発行し、弁護士事務所を開くことを計画していました。しかし、今、勉強をつづけることはどうなのか？勉強をつづけるか、闘いにでるか？闘いにでれば、かれらはわたしを逮捕するでしょう。そして留学をとりけすでしょう。家族、とくに婚約者と約束したことは、わたしは博士になり、弁護士、新聞記者になることでした。

ところが勉強の途中でイエンバイ蜂起が発生し、一三人が断頭台につれていかれました。わたしはフランスに滞在するベトナム人ですが、パリの学生はどう考えるだろうか？わたしはすでに共産党員ですが、どうしたらよいのか？デモに行かなくてもよいか、だれもわたしを強制できません。もしデモに参加した場合、おそらくフランスから追放され、わたしが自ら二年前に設定した目標は達成できません。

しかし、わたしたちはイエンバイの弾圧に抗議し、死刑判決をうけた人びとを支援し、フランス大統領に死刑廃止を要求するために、フランスの人びとと闘うことを決めました。ついに一九三〇年五月、わたしたちはパリのフランス大統領府の前で、イエンバイの人びとの釈放を要求するデモを行いました。わたしはトゥールーズの生徒や学生、労働者階級の代表としてデモと集会に出席しました。そのデモでわたしは逮捕されてしまいました。逮捕とは、監禁され後に釈放されるものと考えていました。なぜならフランスは民主的だからです！ 民主とは自由にデモをすることができ、たとえ逮捕されても、わたしの足を蹴るくらいで釈放されると思っていました。わたしをずっと拘束してどうするのでしょうか。釈放後、通学していた学校を追放されたら、別の学校で勉強することも考えていました。しかし、そうではなかった。わたしたちのグループは放校処分をうける可能性とさらにフランスから国外退去を命じられる可能性がありました。そして、国外退去の可能性が現実になりました。

国外追放、そして帰国

一九三〇年六月、わたしと仲間の一八名がベトナムに送還され、留学を継続することができなくなりました。当時のことすべてを覚えているわけではありません。グエン・ヴァン・タオ氏[21]は、わたしたちと同じ日に逮捕され、釈放後、再びデモに参加し、また逮捕されてしまいました。釈放を訴えて抗議する教師もいましたが、成功しませんでした。

一九三〇年七月に、わたしたちはサイゴンにもどりました。釈放される前に、ハムロン監獄につれていかれ、名前と指紋登録、写真をとられました。二年前に二つの博士号を取得するためにフランスに行ったのでしたが。現実にはそれが反古となり、なんの資格もなく、着るものもありませんでした。デモの間、トゥールーズにいたわたしは、なにもたずにコートだけを身に着けていたのです。帰宅したときは、まったくなにもない状態でした！

そのとき、わたしには学位もなければ、なにもなく、監獄に直行してしまいました。このことは、自分の家族を悩ませるだけでなく、婚約者の家族もおそらくもっと動揺させてしまうだろうと考えました。かれらは自分に娘を嫁がせないだろう。しかし、サイゴンにもどってみると、わたしは自由に家にいることができ、なんの問題もありませんでした。婚約者の家もそうでした。なぜなら、婚約者の家族も革命の伝統をもっていました。祖父の家は、トゥー・ホア・ファン蜂起[22]の総司令部でした。三人いた息子はひとりが撃たれ、もうひとりが切られ、さらにもうひとりは腱を切られたのでした。愛国者だったのです。わたしが西欧に反対していたことと同じでした。それに、当時、グエン・シン・サック氏[23]が彼女の家に何度も遊びにきましたが、そのときでも一族はわたしたちの結婚を認めていました！

ベトナム共産党に入党

当時、わたしは結婚を公にしていましたが、仕事についてはふたつしていました。秘密の仕事と公の仕事です。その秘密の仕事とは、わたしが一九三〇年八月にベトナム共産党[24]にすぐに入党したことです。公の仕事は、サイゴン市の一区のキクナー通りにあるフィン・コン・ファット高校の教師となったことです。

わたしは思いがけなく教師としてのキャリアをはじめました。第一に、生計をたてる必要がありました。そして、サイゴンに住んで静かに仕事をして自分の別の活動を隠すことでした。しかし、真実は、別の教育、革命的な政治教育をすることでした。わたしはフィン・コン・ファット高校で教師をしていましたが、同時に、共産党の省委員会から任命され、無産青年組織の教員をしていました。

その組織は一〇数名くらいでした。クラスの大部分は高校の教え子ですが、今ではすべて亡くなっています。わたしはキン氏がいたことを覚えています。かれは後年、モスクワ大使になりました。その学校はアルバートデア通り（現在のディン・ティエン・ホアン）にありました。サイゴンでのわたしの最初の仕事は教えるということでした。その教育は、ひとつは、西欧のカリキュラム（高校）で教えること、もうひとつは革命的なプログラムで教えることでした。

官憲の眼に気づかれないように、クラスで教えはじめました。一九三〇年末か、一九三一年初めのある日、授業終了後、教室にカバンを置き忘れてしまいました。その日の夜、官憲が包囲し、機関にいるすべてのひとを逮捕したのでした。わたしが到着したとき、ドアに記された秘密の合図をみつけました。わたしは手入れをうけたことを知ったのでした。

革命家として生きる決意

その日から、わたしは職業革命家になりました。家に帰ることを避け、住む場所が二つか三つありました。ふり返ってみますと、その時までに、わたしの人生に二つの転換点がありました。

ひとつは、フランス大統領官邸の前で逮捕されたとき。これは学生から革命家への道を歩みはじめることになりました。二つ目は、公の仕事と秘密の仕事をしていた自分が職業的革命家になったことです。ここからすべてが秘密の活動だけになりました。

教師としてのキャリアは自分の意図ではなく、人生の激しさのなかから生まれました。そして、職業革命家になりました。ですから、そのときから革命的人生に入りました。その仕事は政治宣伝や教育、幹部の訓練であり、これは予期せぬ働きでしたが、そのような決定は正しかったと思っています。イエンバイ蜂起のような大事件以前のように、博士号取得のための勉強をつづけることはできません。植民地の人びとは虐殺され、わたしたちは帝国主義に反対する態度をもたねばなりません。

わたしがサイゴンにもどったとき、仲間がわたしを共産党につれて行き、秘密の訓練をさせ、そして職業革命家になりました、結局それも偶然でした。しかし、それは正しかったのです。わたしは職業革命家という選択を心配することもなく、また家族も同様でした。残念に思ったひともいたかもしれませんが、一般的にみなが正しいと感じていました。

革命家として生まれたわけではありませんが、人生は多難です。しかし、わたしはそのような多難に遭遇するたびに、解決策をもっていました。のちにこのことをふりかえっても、適切な解決策であったと思います。人生は多難です。良いことや悪いことなど、自分にふりかかった問題は大部分自分で解決しなければなりません。

わたしのように学校に通っていた多くのひともまた愛国主義者でした。しかし、かれらは日常的に勉強し、エンジニアや医者になり、また名声をえて金持ちになりました。しかし、それでも革命を支援しました。それはひとつの解決策です。実際、それは個人的および家族的利益を守る態度です。わたしの場合は特別なケースです。強制送還された一〇数名のなかには活動を継続しなかったものや、革命に反対ではなかったがインドシナ共産党[25]に参加しなかったもの、あるいはフランス共産党に参加したが帰国すると共産党に参加せず、ハノイの学校に進み学士号を取得するものや弁護士となるもの、わたしのように監獄にはいるのではなく、自分の立場で満ち足りた生活を送り、年老いたひとなどもいました。

しかし、わたし、チャン・ヴァン・ザウは違います。フランスにいて、歴史的な出来事の前にだまっているのではなく、善悪を明確にしなければなりません。強制送還されるか否かにかかわらず、イエンバイ蜂起を応援すべきか、しないのか？　これは最初の試練でした。つまり、国外追放を恐れて座視したままで、フランス人のイエンバイ蜂起を支持するデモをみるより、行動した方が良いのです。先に述べたように、これはわたしの最初の転換点でした。

では、二番目の転換点はどうでしょうか？　希望もありましたが、無一文で帰国し、恥ずかしく卑下する思いもありました。しかし、当時のわたしの気持ちは、ジャーナリスト、弁護士として公の仕事ができなかったら、別の道に進み、自分の目標を達成したいと思っていました。わたしと何人かの仲間たちは、秘密の活動に邁進し、完全に生き方をかえました。それは〝人生を変える〟とよべますが、この人生の変化は、危険な場所に踏み込むことを意味します。活動はすなわち投獄であり、死を意味します。しかし、高校の教師であるならば平穏無事です（ご存知ですか？　給料は一時間ごとに銀貨三枚です。それから米二三kgが支給されました。それで生活できます）。しかし、わたしはそのような生き方をしたくありませんでした。別の生き方を選択しました。秘密活動は、起こりえるすべての困難をひきうけることです。それは自分の理想に合致し、当時のベトナム人青年の気質でもあったのです。意識や心理状態はまさにそのようなものでした！

ソ連、クートヴェで学ぶ

わたしはモスクワの東方勤労者共産主義大学[26]で二年間ほど勉強しました。厳密にいえば、この大学で学んだことは、のちに教師となるための準備にあたりました。

モスクワでは、先生が計画の書かれたノートで教えました。その計画は学校がつくったもので、たくさんの種類があります。たとえば、マルクス・レーニン主義について七課があり、各課に五〜六個の問題がついています。ここの教師は特別な指導方法で教えます。課をいくつかにわけ、各部分を読まなければなりません。教師はその課を読むことを要求しますので、帰宅後にかれがあたえた課を読まなければなりません。つまり、教えるのではなく、それだけです。たとえば、農民問題について、かれは四つの問題（農民とはなにか、どのような階級か、地主とは、などです）をだします。そのため、わたしはマルクス[27]やエンゲルス[28]、レーニン[29]、スターリン[30]の著作や共産主義国際決議集を読みました。これは、教師の講義資料を読むのではなく、原典を直接読むことを意味します。

自宅で二、三日読んだのち、先生が教室にきますが、まだ教えるわけではなく、生徒は原典を読み終わっています。かれは生徒を指名し、たとえば、農民とはなにか、などについて説明させます。そして、生徒同士が議論をして終わってしまいます。教師はそれを急いで記録するだけでなにもいいません。三回目のときに、かれは生徒には発言させないで、講義をします。つまり、わたしたちが読んだ原典をもとにして、とくに前の討論のときの過ちや疑問などにもとづいて講義をするのでした。講義しながら生徒たちの発表をほめたりします。つまり、最初に講義するのではなく、最後に講義するのでした。これは奇妙な授業方法であり、当時、わたしが学んだ特徴的なことでした。

わたしが、ヨシップ・ブロズ・チトー[31]、モーリス・トレーズ[32]と一緒に学んだという〝神話〟がありますが、これは事実ではありません。かれらはすでに指導者でしたので、講義を聴きにくるだけでした。かれらはプロレタリア革命理論を専門に学ぶレーニン学校[33]に所属していました。わたしたちはスターリン学校[34]で、民族解放理論を専門的に学んでいました。これらふたつの学校は密接な関係がありました。トレーズは、時々わたしに会いにきました。わたしがフランス共産党の元党員でしたので、しばしばかれと話をしました。当時のフランス人のジャンネットフェルメール[35]女史は、共産主義国際事務所の秘書でしたが、のちに非常に有名になりました。

先生方は一生懸命に教えてくれました。フランスからきた先生、科学アカデミーの先生などです。かれらは教え方もとても良く、良くなければわたしたちのクラスにくることができません。わたしたち生徒の大多数は、優秀であり、派遣されてきた者、あるいはヨーロッパの大学ですでに学んでエンジニアや修士号をもった生徒たちです。先生が良ければ、生徒も悪くなるはずはありません。わたしたちの先生の多くは、モスクワに駐在している兄弟党の指導者でした。かれらは闘争し、豊富な組織作りの経験をもっていました。

わたしはフランスで学んだベトナム南部の学生です。レストランに行くこと、西欧のお酒を飲むのが好きでした。わたしは、レ・ホン・フォン[36]氏やハー・フイ・タップ[37]氏などといくつかの論文をベトナム語訳しました。そのなかには、マルクスやエンゲルス、レーニンの文献がありました。ハー・フイ・タップ氏はロシア語から翻訳し、わたしはフランス語から翻訳しました。たとえば、農民問題については一〇〇頁ありました。フランス語を知っている者は直接読みますが、知らないものはわたしの翻訳から読んだのです。フランス語からベトナム語に翻訳し、一ページに二リーブルをもらい、さらにタイプライター打ちで一リーブルをえて、都合三リーブルをえていました。そして、焼きラム肉とお酒を買い、これを二年間つづけていました。

課ごとにたくさん読み、翻訳は最小限にしましたので、学年末には何十編もの論文を読みました。古典を読み、翻訳し、順序だてて学び、みな暗記しました。モスクワに滞在しているとき、わたしは本を書いています。共産党中央の政治宣伝部にはわたしの本があります。『共産党の組織原則』と『赤いゲアン』、『ブルジョア民主革命』です。この三冊は、すべてベトナム語で印刷されています。

監獄での活動

一九三三年に、わたしは密かに帰国しました。一九三三〜一九四五年の期間、わたしは闘争指導組織で活動をしました。大きな仕事は、監獄の内外で幹部たちを教育することでした。監獄での教育は、当時〝赤い先生〟とよばれていました。[38]

このときは、外で活動する時間がありましたので、わたしは学習クラスを開いていました。このことについては、あとで話します。ここでは、監獄内でのさまざまなクラスの話をしましょう。これはわたしの専門の教育の話です。わたしは〝赤い先生〟として、合計で四回、監獄で幹部を教育しました。最初は、一九三三年から一九三四年です。二回目はコンロン[39]、三回目はハムロンで、四回目はターライ[40]の監獄です。教師としてのわたしは、同志を教育するための訓練戦士でした。

監獄にはいったとき、まったくなにも手にもっていませんでしたが、わたしの講義は教室でするように最初から最後まで系統的でした。監獄のセメント床を黒板とし、レンガ片をチョークとしました。わたしの講義は、モスクワで勉強していたときと同じように、第一課、第二課などと順序良く進みました。したがって、わたしはマルクス主義の最高の教師であると考えられていました。

わたしのもうひとつの特徴的なことですが、監獄での教育には本がありませんので、ハムロン監獄やコンロン監獄に収監中、各課を二〇～二五ページほどにまとめ、本にしました。へそまがりの看守のおかげで鉛筆や紙を入手でき、書くことができたのです。また、ご飯の炊きあがる寸前の汁で書き、その後、ヨードをいれた薬草酒、あるいはヨードチンキをつけると、文字があらわれ、読むことができたのです。ですから、収監中の同志は講義を聴き、読むことができたのです。わたしは壁をほじくり、レンガをいくつか取りだし、そこに本を置き、それをふさぎ戸棚のようにしました。ハムロンにはこのようなものがいくつか、コンロンでもいくつかありました。ブイ・コン・チュオン[41]氏もそのことを書いています。

ハムロンでは二回入獄しましたので、この時期に一三冊書きました。その後では、コンロンでも七〜八冊書きました。革命が成功したとき、わたしはそれをもち帰るのを忘れてしまいましたが幸いなことに、チャン・ザン[42]氏がわたしの本を五〜七冊を保管していました。党本部にもわたしの本が二冊保管されています。

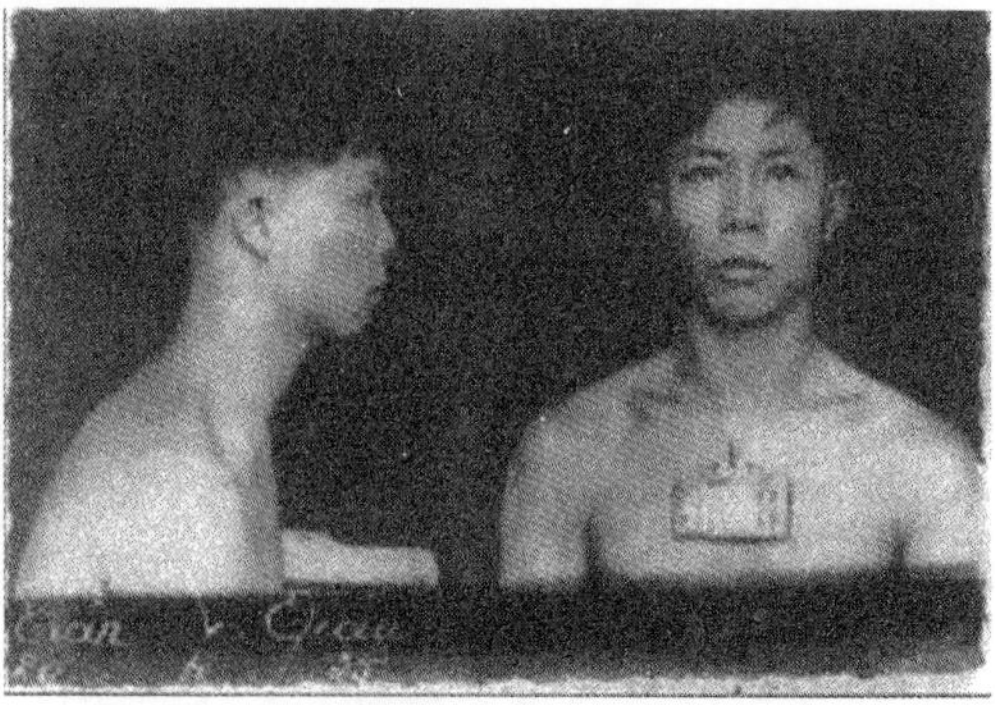
コンダオ（コンロン）監獄（1935年）

わたしたちは看守を階下に追い払うようにし、階下のひとはその看守を他の階にやるようにしましたので、各階で講義をすることができました（数百人の政治犯が収容されて

コンダオ（コンロン）監獄

コンダオ（コンロン）監獄内部

いました）。のちに、収容されていたひとたちとホーチミン市で何度か会ったとき、かれは冗談で、

自分が逮捕されたとき、マルクス・レーニン主義についてなにも知らなかった。教えてくれたのはザウさんだ。

といっていました。ハムロンでは二〜三クラス、コンロンでは一クラスでした。すべて政治犯を教えており、モスクワ留学したひとたちはわたしの講義の支援をしてくれました。

ターライ監獄は収容者が多すぎて、また多くの党派のひとがいました。そのため、秘密裏に行うことができず、講義は公開、あたかも大衆会議のようでした。わたしが非常に誇りに思っていることのひとつは、七年間の入獄で、監獄の内外で多くの幹部の教育にたずさわったことです。

わたしは、マルクスやエンゲルス、レーニンの文章を隅々まで覚えており、それは前に述べたようにモスクワにおける先生方の教え方のおかげでした。

当時の勉強は、たとえば、プロレタリア革命の諸問題や農民、共産党、労働者などの問題について、二つのクラスに生徒を分けていました（読書量の多いクラスと少ないクラ

ス)。しかし、政治犯に政治を教えることは困難でした。かれらがいろいろな地域の出身で、学校の卒業程度も違っていたからです。したがって、各レベルに分けて教える必要がありました。わたしは経験から学び、労働者から識字者、あるいは高度な知識・資格をもつ人びとまで理解できるように、すべてのレベルに合った方法で教えました。理論や哲学、歴史の問題はむずかしいので、わたしはだれもが理解できるように、言い方や教え方を工夫しました。学問のあるひとには低すぎないように、学問の低いひとにはあまりむずかしくしないようにです。

その後、わたしがベトナム民主共和国[43]の正式教師になったとき、監獄での教育経験が非常に役に立ちました。たとえ教えることがむずかしい哲学であっても、教え方によって一般の人びとも理解することができます。それは深い思想を通俗化するのではなく、一般の人びとが理解できないことを深く理解できるように教

ターライ収容所

える方法なのです。ハムロン監獄やコンロン監獄、ターライ監獄で教えていたもっとも深い成果でした。

八月革命前後

このへんで監獄での教育の話をおえたいと思います。最後に、人気のある特別なクラスについてお話ししたいと思います。ターライの監獄から脱獄したあとの、一九四四年から一九四五年に、そして八月革命[44]中にサイゴンでふたつの重要なクラスを開講しました。

ベトナム共産党は革命の主な勢力を労働者階級であると考えていました。わたしは、サイゴンで労働者の幹部教育に力をいれていたひとりでした。一九四四年から一九四五年にかけて、労働者と労働組合の幹部にたいするクラスを継続的にひらいていました。その結果、サイゴンの労働者と労働組合の勢力はつよく、政治的状況もよく、労働者の運動は非常に高く、その労働運動の指導者も十分にいました。

同時に、わたしたちは公然とハノイの学生やサイゴンの知識人のためのクラスを開設していました。

一九四二年から一九四三年に、ハノイでは学生連合会があり、そこの学生たちは政治活動を望み、強力な組織をつくりました。その後、学業をやめ、蜂起に参加するために、サイゴンにもどり、あるいはベトバック戦区[45]に行って活動をしました。しかし、ズオン・ドック・ヒエン氏[46]が議長をしていた学生連合会の指導部はあまり政治に関心をもたず、フランスや日本の親しい友人たちと交流し、その影響をうけていました。

労働組合のクラスが〝初級〟としたら、監獄内のクラスは〝上級〟クラスであり、大学レベルと同等の政治的クラスとみなされました。一九四四年末から一九四五年初めまでに、このクラスで経験したことはのちに大学教授となるにあたっておおいに参考になりました。このクラスの学生はもともとハノイとサイゴンの法律学生やエンジニア、医者でした。毎週日曜日に講義をしました。これらの人びとはもといた場所や南部各省にもどり、かれらの友人に講義をしました。わたしは二つのクラスを並行して教えました。ひとつは労働者のための初級クラス、もうひとつ学生や知識人向けの上級クラスです。八月革命に積極的に参加するためのクラスを教育したのです。

労働者への教育は共産党のプログラムによって、学生などはスターリン大学[47]のプログラムによっておこなわれました（政治経済、哲学、世界革命の発展などです）。それはより高いレベルの教育でした。当時の哲学の講義は、タインホア準備大学[48]と一九五四年以降のハノイ大学[49]での講義と同じようなものでした。知識人にたいしては、かれらの批判的思考を発達させる方法にたち、マルクス・レーニン主義については教条主義におちいるのではなく、勇気をふるってかれらの意見を発言させるようにしました。

職業革命家のころ

わたしには経験がありましたので、ある部分を教えると、それにたいする質問の答えに時間をかけます。かれらは文章の範囲内でなんでも質問することができます。そして、わたしはそれらすべてに答えます。かれらが同意しないときは何度も質問することができます。したがって、優秀なクラスのひとや知識人——それが地主であれ、資本家であれ——、マルクス・レーニン主義を合理主義とみなすことになります。

一九四四年から一九四五年までの講義で、受講者にはフイン・ヴァン・ティエン[50]氏、フイン・タン・ファット[51]氏などがいました。たしかに、これらの二つのクラス（一九三五〜一九三六年のコンロン監獄での高級幹部にたいする教育や一九四四〜一九四五年までのサイゴンにおける学生たちへの講義）は、のちに大学教員となるわたしの準備期間でした。二つのタイプのクラス（ひとつは監獄で、もうひとつは監獄外で）を担当したから、大学で教えることができました。実際の経験から、かれらの思想に寄りそうことができ、理解することが困難な問題をみつけて、わかりやすく講義をしました。八月革命[52]時にはわたしは戦いました。

八月革命以後の活動

一九四六年一月六日の直後に、わたしと一部の同志はカンボジア（トンレサップ戦線）で活動することを党に申請しました。タイやカンボジア、マレーシア在住の海外同胞をベトナム南部の戦線にもどすために、一九四六年から一九四八年の期間、この方面で活動をしました。

カンボジアでは、わたしはシソワット大学のカンボジア人の同志をあつめて集会を開き、そして作戦区でサイゴンのようなクラスを開き、フランス語で教えました。カンボジア人は優秀でした。

一九四九年になると、わたしはカンボジアの戦場ではなく、情報局長としてベトバック作戦区にいました。この期間、わたしはドー・スオン・サンの法律学校の哲学教授でした。そこには長くいませんでしたが、わたしは史的唯物論と弁証法を教えていました。このヴィンイエン（ドー・スアン・サンの学校）の講義からタインホアで『弁証法』と『史的唯物論』の二冊の本を書きました[53]。

戦線が拡大していきました。一九五一年に、わたしはチュオン・チン氏[54]から宣伝工作のため軍の政治総局で働くように要請されました。わたしはかれに、

宣伝工作はとても楽しいし、わたしはフランス人の心理を理解でき、またアラブ人やアルジェリア人、チュニジア人、モロッコ人[55]についても多少理解しています。しかし、宣伝工作はわたしに適しません。それは単なるひとを煽るだけで深い科学的研究ではありません。そのため、わたしは教育方面に行きたいと思います。

といいました。

当時、わたしは中国の広西チワン族自治区の基礎科学学校にいました。国内には大学がまったくありませんでした。そのとき、教育省のグエン・ヴァン・フイン氏[56]とグエン・

カイン・トゥアン氏[57]がタイン・ゲティン[58]の広い解放区で、その中心のタインホアに大学準備学校を開設したい、という考えをもっていました。その後、大学関係者は戦場や生産活動にも参加せず、高校レベルの教育を行う大学準備大学を開校しました。

ですから、わたしは一九三〇年代から教師と政治的活動をしていましたが、一九五一年の終わりには本当の教師（感動的です）になりました。これは私の三番目の転換点でした。これまで、

一回目は学校に行かず、政治的活動をし、逮捕・投獄されたことです（パリのイエンバイ事件）。

二回目は（基本的に手探りのなかで）高校の教師をやめ、職業的革命的になったこと。

三回目は職業的革命家から、本物の教師として大学教授になったこと。の三回を経験しました。

これまで、政治家であったひとが教師（大学）として成功した例は、まだありません。わたしにとっては、これは空中ジャンプをしているようなもので、結果はどのようになるか、まだわかりません。スターリン学校にいたとき、勉強に全力を尽くしたので、この変更はむずかしいだろうが、おそらくできると思いっていました（研究者から政治家

への転向は普通にできます）。若いころよく学び、監獄の囚人となっても、受刑者に何度も教えていましたので、その経験が大学で教え、成果をあげることにつながったと信じています。

タインホアの大学準備学校

それで、教育省の指示に従って、わたしはタインホアに行き、一九四九年から一九五〇年の時期に、知識人たちを集めました（なにをしてよいのかわからなかったのですが）。当時、知識人たちは働きたくない者、働きたくても履歴書の問題がありました。[59]最初に成功したのは、ほとんど〝失業中〟の知識人たちを集めることができたことでした。たとえば、トー[60]氏、グエン・トック・ハオ[61]氏、グエン・ドック・チン[62]氏、ダオ・ズイ・アイン[63]氏などです。ダン・タイ・マイ[64]氏の支援をうけて、約六人の教師があつまりました。準備大学で一〜二年勉強して

若いころ

から大学に進学するのでした。

しかし戦争は長引きました。大学準備学校を終わった後、学生はどこに行くのか？まだ、大学はできていません。教育省は大学準備学校を高等師範学校に変え、自然科学と社会科学の教員を養成しました。わたしたち教師も師範大学[65]に移籍し、ジュネーブ会議[66]まで教えることになり、課程が終わるころには戦争も集結しました。

わたしはそのころのことを覚えています。当時、ダオ・ズイ・アイン氏は教室にでたくて、ノンコン[67]からティユホア[68]まで一〇数キロ歩いてきました。夜になると、各生徒は小さな椅子とペニシリン小瓶などでつくられた灯油瓶をもって講義に臨みました。しかし、暗かったので、生徒は教師の顔をみることは困難でしたが、教師はとうとうと話しつづけました。たいへん興味深い内容でした。また、ほとんどの生徒は古い資格ですが、教師の資格をもっていました。この大学準備学校はのちの大学の萌芽でした。

一九五四年以降

ジュネーブ会議後、ハノイにもどって大学を設立しました。わたしは大学の党委員会の書記長を務めていましたので、政治学を教え、哲学と歴史学も教えました。古代史についてはダオ・ズイ・アイン氏が担当し、世界史はファム・フイ・トン氏[69]が担当、文学はダン・タイ・マイ氏の担当でした。

しばらくの間、わたしの主要な担当教科は哲学と政治学でしたが、基本的な教科が不足していました。それは、ベトナム現代史と世界史の現代史部門です。この科目を担当する教授はまだいませんでした。世界史のなかの近代史はむずかしくありません。わたしはモスクワで近代史と世界の革命についても学びました。そのため、革命の精神で本を構成すればむずかしいことではありません。フランス革命とロシア革命に詳しいので、心配する必要はありませんでした。

しかし、最も心配だったのはベトナム近代革命史です。これまでこの分野の書籍はなく、過去に本がなかったため（西欧にはこの種の書籍はまだなく、わたしたちにもありませんでした）、ダオ・ズイ・アイン氏に依頼するのは不可能でしたので、わたしが担当する以外にありませんでした。

当時、わたしのおかれた状況を知らなかったひともいたでしょう。毎週の講義は一回だけで、週の五日間を費やして勉強しました。調べ物のため、図書館に通い、本を読んだりして、一回の講義をするのに五日間準備しなければなりませんでした。わたしの『侵略に抵抗する』70は、そのようななかで出版しました。現代革命の歴史については、わたしはそれを体験していることもあり、講義しやすい面がありました。おそらく当時、同僚たちはこのことをまったく知らなかったでしょう。毎日勉強して、週末に一回講義する生活を一年間継続しました。

当時、教員養成もおおきな問題でした。優秀ないくにんかの学生を助手に採用して、将来、大学教員とするためです。採用基準、つまり学生のどの部分に注目して採用するか、優秀かどうか、などということでした。当時、わたしは再び学校の党委員会の書記長でしたが、もしうまくいかないと、その後に優秀な教員をえることはむずかしいのです。幸いなことに、当時、ファム・フィ・トン氏やダオ・ズイ・アイン氏なども、愛国的な考えの学生であるかどうかを確認することに同意しました。非常にむずかしい議論をしましたが、教師たちは合理性をみとめ、同意してくれたのでとても良い結果になりました。

教育者として

クアンさん、人間の生活では嵐を避けるのがむずかしく、いくつかの問題がでてきます。わたしはマルクス・レーニン主義にもとづいて考え、間違っていませんでした。人びとがわたしを〝攻撃〟(批判など)することはできません。ですから、わたしにとってその嵐は一時的なものでした。真実は最後に現れます。わたしはそう信じています。

自分の能力を信じ、我慢すること、どんなにむずかしいことでも自分が任された仕事を成功させること、その力を信じることです。たとえば、宣伝工作から大学の準備、高等師範学校、そして大学まで、互いに密接に関係しているといえません。そのような回り道は別のひとがする場合、失敗する可能性もあります。政治活動家から研究者になると、ときには自分だけの世界にはいってしまう場合があります。わたしは自分の意志と能力を信じ、系統立ててよく整った方法で書いた本で講義しました。

第三に、わたしは人生の知恵を信じています。したがって、風波は顔の表面へのみ打ちつけるだけです。人生は正しいものに価値があります。わたしが正しいなら、だれもわたしが間違っているといわないでしょう。わたしは人びとの心、判断を信じています。もし、実践で無能であることを証明されても(才能や意思がなければ)、風波はやってきません。意志があり、信頼があり、能力を養いつづけると、人びとは活動や仕事、性格によって判断してくれます。クアンさんが、人生は海の上の船のようなものだと思っていますね。そのように生きようとすると、風波があっても沈みにくいのです。

わたしは過去に不十分な点もありましたが、努力して仕事をし、中断せず継続してきました。監獄や監獄外でも闘争を組織し、少なくとも人びとはそれをみています。性格については、一般的にはわたしにも小さな誤りがありましたが、自分の個性や性格を維持するよう心掛けてきました。人生にはふたつのこと、仕事と人格が最も大切です。とくに、個性は純金の比喩であり、混ざりものがない「純」のことです。話をしているだけではよい成果がえられません。たくさんの仕事をしてこそよい結果がえられるのです。

他人がわたしを称賛しても、それが正しいという根拠はありません。世の移り変わりが激しいなか、わたしは役割にふさわしいことを証明してきました。だれもあまり不平をいっていません。しかし、それがあってもよいでしょう。

おそらくわたしは、あなたに監獄で教えることも、教えることであるといったと思います。しかし、おそらくひとは自分のいったこと、監獄で教えたことが正

ザウ教授

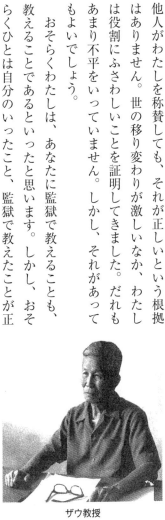

しいのか、をみるでしょう。もし正しいなら、生徒たちや同僚も信じます。もし、正しくなければ、教師の資格はないのです。教師の最大の仕事は手本になることです。

教育とは

良い教育とは、過去の賢人の知恵を伝統ある場で人びとに伝えることです。自分の望みは、人間が人間をより愛せるようにさせることです。そして、わたしがひとに教えることで、教師としての自覚もたかまります。天下の利益は、自分自身の利益にもなります。わたしはそう考え、毎日いってきましたが、自然にそうならなければなりません。人びとにくり返しいってください。そうすれば結局、わたしと同じようになります。そうしなければ結局は偽ったことになります。他人の良い思想を繰り返しても、自分が実行できなければ真の教師にはなれません。

わたしは教師として働き、政治学や革命について教え、とくに植民地支配下にある人びとにとって重要なことを講義しました。これは先人の事業の継承であり、国の発展に貢献し、歴史や同胞の発展にふさわしいと思います。

教えることのもっとも大切な部分は選択すること、教えることを選択することです。

精神にかんする最高のものを収集し、ほかのひとに話します。教師はそれを書物からうけとめます。しかし、何が正しく、貴重であり、また真実なのかを見きわめるためには、何が悪く、不十分であり、誤っているかを明確に述べることが重要です。

教師は古今東西の古い年鑑のようなものです。カトリック教徒が常に聖書をポケットにいれているようには、教師は本をもっていないかもしれません。しかし、人生には良いことがたくさんあり、要約され、毎日繰り返されます。石に刻むようにどんどん深くなっていきます。それが自分自身の個性を生みだしていきます。

教師は、ひとに悪いことを教えるのではなく、良いこと、正しいことを教える必要があります。そのため、教師自身は、それが必要かどうかに関係なく、人びとに知恵をあたえる〝知恵袋〟でなければなりません。それは、人びとにとってだけではなく、教師自身にとっても有益です。教師は

知識を倉庫に保管しておくのではなく、だれにでもそれをあたえひろめていかなければなりません。それを念頭におくと、教師は優れた思想や行動にたいして寛大でなければなりません。ですから、昔は父親よりも教師を尊敬するひとが多かったのです。その後、人びとが教師よりも学習したため、教師は生徒と固く結ばれることが少なくなってしまいました。そのため、生徒にたいする教師の影響が昔のようではなくなったのです。

今、わたしは自分の教師歴について話してきました。さらに政治や歴史研究者として話します。

教育するうえで、歴史学が最も建設的な方法です。哲学はひとをつくることができますが、それは一般的に抽象的なものです。経典にはたくさんの良いものがあります。しかし、それは現実とかけ離れ、かすみがかかっているようです。わたしは、歴史学が人間に関連する正邪やことの是非、善と悪……などを判断できる学問と考えています。人びとの記録が典型的な方法でなされています。ですから、歴史は良いものと悪いものなどを選択するための表現です。

わたしの意見では、いつの時代でも、とくに今日では、人びとの教育は、一般的には歴史学を学ぶこと、とくに革命と抵抗の歴史を学ぶことが大切です。それは、思想形成のうえで最も深遠で具体的な方法だからです。歴史よりもすぐれた道徳観はありません。革命的かつ抵抗的な歴史がそれをしめしています。善悪、豊かな知性の有無、邪悪さや狡猾さ、など、すべてが歴史にはっきりとあらわれています。したがって、歴史教育は、たんにそれを行うというだけでなく、抵抗の歴史を称賛することであり、他のどの科目よりも人びとのためになる教育です。もちろん、それは歴史がどのように書かれ、教師がどう教えるかに依存しますが、歴史は教育性のある科学であり、たしかに人びとを育てる性質をもつ、もっとも深い学問です。

ひとはもともとかなりことなっています。歴史上の人びとはさらにことなっています。歴史学習は簡単で覚えやすい面があります。歴史を通して多くのことを学ぶことができます。たとえば、役人や民衆、政治家など、みな歴史のなかで学ぶことができます。識者ではなくとも歴史が得意なひとはいますが、歴史について無知な識者はいません。歴史学習は重要であり、歴史学者や歴史教育者は、歴史の真実と書かれた歴史の中身の多くは違うことを認識しなければなりません。したがって、歴史教師の仕事は学習の水準をあげるだけではなく、まずそういう批判的な視点をもつことです。教師、とくに歴史教育者は、それほど生きられなくとも、歴史を知らないひとよりは密度の高い生活を送れます。歴史を熟知しているひとは、その意味で〝より豊かな〟ひとです。

研究開始のころ

わたしはもともと勤勉な生徒でしたが、当時は研究者になるつもりはありませんでした。グエン・アン・ニン氏のような優れたジャーナリストになることであり、モニン氏のような優れた演説家になることが希望でした。

しかし、東方勤労者共産主義大学に入学し、革命家の道を歩みはじめると、ただちにひとつの問題にぶつかりました。マルクス主義や世界史を苦労して学び、とくに近代革命史や世界の現代史を学ぶなかで、自分の祖国を知ってこそ革命ができるという問題です。

ですから、学習しているとき、何人かの同志とは違う状況でした。わたしは東方勤労者共産主義大学で卒業論文を書きました。だれもがそうするわけではありません。書きたいひとはそれをします。やりたくなければ書かなくともよいのです。卒業論文を書くと採点され、書かない場合には学習期間が終了すれば活動にもどり、あるいは活動にもどらなくとも帰国しなければなりません。しかし、わたしは論文を書きました。学習期間中、わたしはインドシナ革命にとって非常に大きな問題、すなわちインドシナ農業問題を解決するために史料を収集していました。それがインドシナの農業問題であり、卒業論文になりました。

わたしはフランス語で書きました。モスクワにいるとベトナム語では卒業論文を書けません。個人的な話になりますが、わたしの論文をタイプしたのは、共産主義国際局のひとでトレーズの妻、フェルメールさんでした。彼女は、

あなたの論文には良い意見が多くあるのに、フランス文があまりにもひどい。

といったものです。実際、フランス語は政治活動のためだけのものでした。わたしは、モスクワを訪問したひとがわたしの論文を探してくれないかと、おかしなことを考えたりします。その論文がわたしの最初の研究といえます。タイプ印刷で二〇〇頁弱だったと記憶しています。

当時、ベトナム革命を研究していたわたしは、歴史を伝え、ゲアン・ソビエト蜂起[71]から教訓を引きだすため、『赤いゲアン』[72]と題してふたつ目の研究をしました。また、モスクワで三冊目の本を書きました。それは、ベトナム革命にかんする研究ではなく、レーニンとソビエト共産党の理論と活動から、共産党の組織と活動とは、どのようなものか

を説明したものです。厳密にいうと、この本は自分の考えをまとめたものではなく、ソ連の共産主義者や指導者、国際共産主義の指導者が書いた二、三冊の本から中身をとり、かれらの意見を焼き直したものです。この本の書名は、『ボルシェヴィズムの組織原則』です。この本と『赤いゲアン』はベトナム語で執筆し、『インドシナの農業問題』はフランス語で執筆しました。これらの本はベトナム共産党中央委員会に保管されています。これらの署名はホーナム[73]で、わたしの名前です。たいへん困難な問題を解決する最初のステップであり、当時の水準からみて、同志たちは良いといっています。

以上が、わたしの研究開始のころです。その後、学習しながら研究し、活動しながら本を書いてきました。これは一九三〇年代から八月革命までつづきました。今、あらためて顧みますと、これはわたしの何十年にもわたる政治活動の特徴でした。現在でもつづいています。

わたしは、チャン・フイ・リウ[74]氏が院長であった史学院[75]で働いていたとき[76]、同志たちをよくからかいました。

本当の研究者の仕事は、水牛が田を耕して力尽きるまで犂を引っぱるようなものです。耕作が中断しても、その水牛は心配して、あらためて耕作をつづけ、必ずやりとげます。

わたしが帰国し、一九三三年から一九四五年にかけて、正確には何冊の本かは覚えていませんが、小さな本、あるいはポケット版の本（約五〇冊）を書きました。現在、西欧では若干の本が保管され、わが国でも少し保管されています。これらの本の一部は研究書とよべるかもしれませんが、浅いものです。しかし、これまで話してきたような内容の本がなかったので、研究とよんでくださってもかまいません。マルクスとレーニンの著作では、一般的にインドシナ革命について言及していません。インドシナ革命についての本を書くことも研究ですが、従来のものは残念ながら粗雑な内容でした。

わたしは、どこに行っても、監獄にはいっても執筆し、またタイやカンボジアのように海外に行っても本をもっていきました。もって帰ったものもありますが、おそらくタイにも残っていると思います。わたしはまた、革命を宣伝するために、研究書ではありませんが、『ベトナムの歴史』[77]という本を書きました。五〇頁ほどのものです。

〝インドシナの少数民族〟問題など、研究分野以外のテーマもありました。『革命途上のベトナム』[78]という本は、スオン・ヴァン・ニャン[79]という名で執筆しました。名の意味は、〝空飛ぶ雁〟というのです。この本は、日本が太平洋地域に、ドイツがソ連に侵攻したときに書きました。

その内容は、ファシストが負け、日本は弱体化して敗北、ベトナム革命が成功するということを証明するものでした。この本の主要な目的は、日本は帝国であり、ひとも多く、フランスよりも危険であることを知らせるものでした。日本はたくみに自分たちに近づき、そして奪います。そうすると解放が困難になる。自分たちが勝つためには、反ファシズム連合国に従うことだ。八月革命の前でした。それが意図したことです。しかし、考えが少しことなっていたこともあり、わたしは批判をうけました。

その後の研究

では、八月革命の後をお話ししましょう。たとえば、『唯物論』[80]や『弁証法』[81]などの本は、ヴィンイエン法律学校でのわたしの講義の成果です。これらの本はその後も増刷されています。

わが国が独立し自由になったとき、わたしは労働者階級の歴史に関心をもちました。わたしは教育と宣伝分野で働いていましたが、知識人のなかで宣伝するとき、むずかしいのは労働者階級の指導的役割についてです。その困難を解決するために、『ベトナムの労働者階級』[82]という本を執筆しました。これは研究の名にあたいするわたしの最初の本です。以前の『史的唯物論』や『弁証法』などは、わたしが学んだことを記述したものであり、研究書ではありません。この『ベトナムの労働者階級』は本当の研究です。以前、わたしはポケット版の本を書いていましたが、これは、重くてポケットから落ちそうになるほどの千ページ以上もある厚い本で、読了したひとがいるのかわからないようなものです。

このような詳細な研究は、わたしがベトナム史と現代ベトナム史の教授になるのに役立ちました。

その後、大学の教授をしているとき、ベトナム革命の歴史を深く教えるためには、思想史を学び、研究しなければならないと考えました。

とくに知識人向けのクラスでは、人びとはよく質問をしました。

ベトナムはどうしてこのような小規模な労働者階級なのに、指導者は革命をなしとげたのか。

また、革命を成功させる条件はどのようなものであったのか。

このような歴史上の大きな問題に可能な限り深く答えられなければなりません。『べトナムの労働者階級』では十分ではありませんでした。それで、『一九世紀から八月革命までのベトナムにおける思想の発展』を書きました。これは功績があると思います。

・なぜ英雄的な勤王志士たちはフランスを倒せなかったのか？
・各ファン氏[83]のように、名声があり学識をもつ人びとがなぜ成功しなかったのか？
・グエン・タイ・ホック氏やキーコン氏のように、並外れた勇敢な人びとが、なぜ革命に失敗したのか。
・革命を指導した共産党はなぜ成功したのか？
・それは偶然だったのか？　それとも、自分はできたが、他人はできなかった原因があったのか？　果実が熟したように、有利な情勢のなかから共産主義者（共産党）が登場してきたのでしょうか？

人びとが共産党の指導者を心から信じるには、これらの問題を解決しなければなりません。その指導者たちの言について、肯定するにはまだ不十分なのでした。研究をしなければなりません。

どのような方法がよいのか、少なくとも一九世紀から二〇世紀までのベトナム思想史についての本を執筆することでした。もちろん、多くの問題を残しています。しかし、ここでの主要なことは、封建思想やブルジョア思想では革命をもたらすことはできず、マルクス・レーニン主義のみが可能だったということです。そのため、わたしはベトナム思想史についての三部作を書きました[84]。

一、封建思想とその失敗
二、ブルジョア思想の無力さ
三、マルクス・レーニン主義とホーチミン思想の勝利

です。

『一九世紀から八月革命までのベトナムのおける思想の発展』は、わたしの人生で最も時間を費やし、もっとも野心的な研究の三部作です。一九七五年以前に書きました。思想史の問題にかんしては、別の本も書いています。それは個人の考えをまとめたものであり、どれほど深いものかわかりませんが、わたしの長い闘いの人生における考えの結晶でした。

小さな本ですが、わたしにとってかけがえのないものに、『ベトナム民族の伝統的精神の価値』[85]があります。この本は二刷りされましたが、世間ではあまり議論されませんでした。もしそれが公の場で議論されていたなら、おそらくわたしにとって有益でした

でしょう。

胸襟をひらいてあなたに話しますが、

ベトナム人の主要なイデオロギーは何ですか？

という問題については、わたしにとっては明確で決定的な答えがあります。それは、

愛国主義です。

間違いなく、それです。一九五九年の終わりか一九六〇年はじめ（はっきりと覚えていませんが）に、チャンティエン通りの科学図書館での会議が開かれる前に、そのように答えています。

多くのひとが考える〝儒教の仁義〟の考えではありません。当時、史学院も〝仁義〟の思想を提唱していました。〝仁義〟という考えなら、もう中国人の思想がはいっているということになります。もしはいっているなら、考えなくてはなりません。しかし、そうでしょうか？　わたしの本には誤りがあるかもしれませんが、その問題解決にわたしのどの分厚い本よりも、魂を注ぎ込みました。

ホー・チ・ミン主席のこと

クアンさんは、わたしへの質問の回答にまだ満足していないでしょう。つまり、ホー・チ・ミン[86]にあったことがあるか？　かれの別名であるグエン・アイ・クオック[87]という名前をいつ知ったのか？　あなたはそれを訊きたかったのでしょう。長い話になりますが、思い起こしますね。

八月革命前のわたしは、グエン・アイ・クオック同志とはとくに縁がありませんでした。実際は、わたしはグエン・アイ・クオック同志を他の皆と同じように早くから知っていました。一九二七年初めに「フランス植民地制度を弾劾する」[88]の記事を読んでいましたが、グエン・アイ・クオックについては知らなかったのです。また、

グエン・アイ・クオックの真意は何か？

グエン・アイ・クオックとグエン・アン・ニンの関係は何か？をわからなかったのです。

グエン・アイ・クオックとファン・ボイ・チャウとどのようにことなるのか？

わたしは、ただ愛国者であると思っていました。

グエン・シン・サック氏[89]が一九二六年から一九二七年にかけて、サイゴンから六省[90]に行き、漢方業をしていたとき、妻の家族はかれを家に招待していました。そのころ、わたしはまだグエン・アイ・クオックとはだれなのか知りませんでした。知っていたのは西欧に反対する愛国者としてでした。「フランス植民地制度を弾劾する」という文章を読み終えたのは、一九二八年にフランス留学中でした。

世の中の常識に反していますが、わたしはフランス共産党を理解したので「フランス植民地制度を弾劾する」がわかりました。論理的には、わたしはベトナム人ですので「フランス植民地制度を弾劾する」とグエン・アイ・クオックを理解する必要があました。でも逆に、自分はマルクス・レーニン主義に近づき、フランス共産党に近づき、フランス共産党に入党し、共産主義の本や新聞を読んでいました。そこから「フランス植民地制度を弾劾する」を読んだのでこの文章を理解しました。おそらくこれはわたしにとって役に立たない、なぜなら当時、フランスでは、共産党はコミンテル路線を不動の路線としており、帝国主義にたいしてだけではなく、共産党と同盟する勢力、たとえば社会党のような勢力にたいしても打倒する対象として、不動の路線をとっていました。したがって、当時のベトナムの共産主義者たちはグエン・アイ・クオックの考えをよく理解していませんでした。

ホー・チ・ミンの路線

グエン・アイ・クオックの路線は、帝国主義に対抗するための各民族勢力の連合でした。当時のベトナムでは、コミンテルンの方針に従って、革命国家（ソ連—訳者注）との連合のみが条件でした。[91] そのため、当時フランスにいたわたしたちはイエンバイ蜂起を支持しながら、イエンバイ蜂起のなかにある国家主義にたいしては反対していました。わたしたちはその考えを「狭量の国家観」とよんでいました。つまり、「フランス植民地制度を弾劾する」の精神は正しくないと思っていました。

モスクワで勉強していたとき、わたしはコミンテルンの路線に従っており、当時、それは不動の路線でした。そのためわたしも他の同志たち、そして東方勤労者共産主義大学の担当者も同様にグエン・アイ・クォック氏の考えを理解していませんでした。

モスクワの高い理論家でさえ理解していなかったので、グエン・アイ・クォック氏を批判する誤りをおかしたのは、ハー・フイ・タップ氏だけではありません。かれの批判はコミンテルンの方針に従ってのことでした。そのため、現在、かれについての批判を聞くと、わたしは非常に恥ずかしく思います。当時のハー・フイ・タップ氏への批判は、またわたしへの批判でもあります。

コミンテルン第五回大会（一九二四年）で、ディミトロフ[92]が提起し、ファシズムとの闘いで民主主義的な党と連合[93]をしてファシストと闘う潮流がうまれました。しかし、ドイツなどでは成功しませんでした。当時、マルクス主義に忠実な共産主義者は、ファッシスト集団と闘うために各国の伝統を利用していると理解していたのです。

その考えは正しくありません。利用するのではなく伝統の尊重です。それこそ最高の抵抗です。共産主義者がかれらの祖先や民族の伝統を継承していることを考えないで革命的であるようなふりをするならば、それらの共産主義者は一般大衆と切り離されてしまいます。

わたしの見解では、グエン・アイ・クオック氏が一九二二～一九二三年に国際舞台に登場し、フランスでかれが『国際書簡』誌に書いたときには、すでにその方向性がありました。

わたしはグエン・アイ・クオック氏の思想を直接うけたものではありません。なぜなら、一九三三年にグエン・アイ・クオック氏が香港の監獄から出獄し、ソ連にきたときには、わたしはすでにベトナムに帰国し、ハムロン監獄、そしてコンロン監獄に入獄していたからです。かれと会う機会がありませんでした。ですから、わたしがグエン・アイ・クオック氏の影響をうけたのは、直接の接触からではなく、人びとの発言を通してですので、多くはありませんでした。

わたしたちが大衆戦線を組織したころの終わりに、ホー・チ・ミン氏は中国からソ連入りし[94]、そのときわたしはハムロン監獄の獄内で、中国からリン（Line）とよばれる同志の路線についての記事を読みました。それは、インドシナ共産党がいう〝民主戦線〟だけではダメで、成功するためには〝民族民主戦線〟を組織しなければならない、というものでした。

わたしがハムロン監獄にいたとき、リンの意見に強く賛成していました（後にリンがグエン・アイ・クオック氏であることを知りました）。〝大衆戦線〟には反対しませんが、〝民主戦線〟には賛成できなく、かれの思想である〝民族民主戦線〟に賛成していました[95]。

一九四五年まで、グエン・アイ・クオック氏についてなにも知りませんでした。ベトミン（ベトナム独立同盟）[96]を組織し、フランスを倒し、日本を追いだした、大きな思想であるにもかかわらず、グエン・アイ・クオック氏が帰国していたことを知りませんでした。

一九四五年七月、わたしたちは北部にひとを派遣し、ベトミンのプログラムをもって帰らねばなりませんでした。そのひとが北部からもどってきたとき、タンチャオ会議[97]の招待状がありました。そのため、わたしたちの代表としてウン・ヴァン・キエム氏[98]とハー・フイ・ザップ氏[99]を北部に派遣しました。一九四五年九月二日の午後、ウン・ヴァン・キエム氏がもどってきたので、わたしはかれに訊ねました。

どうでした？　ホー・チ・ミンとはだれですか？　それはグエン・アイ・クオックですか？

かれは笑いながら、
あの方（グエン・アイ・クオック）でしたよ。

と語ってくれました。グエン・アイ・クオック氏がまだ生きていて革命を指導していることを嬉しく思いました。これまで、かれはもういないかもしれない、あるいはまだベトナムにもどっていないかもしれない、などと思っていました。

わたしは、当時サイゴンにいましたが、一九四五年の終わりにハノイに行きました。報告を終えたのち、ホー主席は大統領府で昼食をとるようにいいました。なんと質素な食事でしょう！ ご飯は二つ鉢に盛られ、ナスの漬物[100]は十分ありますが、魚の薄い切り身がほんの数枚、そして薄くて透明なスープだけでした。夕食後に、友人であるドー・ディン・ティエンの家に行きました（ハンガイ通りにあり金持ちの家です）。食事時に、ホー主席はフィエンさんに、

ザウさんはどこですか？

と訊ねるとかれは、

ホー主席、かれはドー・ディン・ティエンさんの家に行きました！

と答えたそうです。翌日、またホー主席と一緒に食事をすると、ホー主席は、あなたはナスの漬物がいやですか？ 今、同胞は空腹なのです。あなたは同胞の苦しみを共有できませんか？

それを聞いて、わたしは恥ずかしくなりました。

一九四八年、わたしはカンボジアで活動しているとき、政府から帰国を命じられ[101]、情報局（ファン・ケー・トアイ[102]氏が責任者の内務省所属）の局長に任命されました。この期間はもっともホー主席の近いところにいました。なぜなら、多くの会議に出席し情報を聴いていたからです。国内外でいろいろな出来事が発生しており、わたしはホー主席に

質問しなければなりません。質問は大統領府ではなく、かれがいる小屋で訊ねました。当時、ホー主席のもとにはディプ・ミン・チャウ氏[103]、ファム・ゴック・タック氏[104]のような多くの南部の人びとがいました。そのひとたちにくらべるとわたしはかれから少し離れたところにいたことになります。

つまり、わたしが情報局長を務めたときがホー・チ・ミン主席に一番近いところにいました。主席は国内外に対する態度を表明しなければならないときにニュースの指示をだします。ホー主席は山の反対側にいて、わたしはこちら側にいるようで、往来は困難ではありませんが、秘密を守るような問題に遭遇することはあまりありませんでした。

一九五一年の初め（党大会後）に、わたしは希望して教育関係に仕事にうつりました。そのため、わたしが一九五四年にハノイにもどるまで、ホー主席にとくに会う機会はあまりありませんでした。レセプションがあるときはお会いしました。

家族のこと、今の仕事

最後に、わたしはふたつのことを話したいと思います。家族と仕事のことです。

ジュネーブ協定調印後のある日、妻とわたしはバーディンクラブに招待されました。

ホー主席に会い、妻を紹介しました。主席はごく自然に訊ねました。

お子さんは？

妻は、

子供は死んでしまいました。

と答えました。ホー主席は残念そうでした。話の際、わたしはこういいました。

グエン・シン・サック氏がサイゴンを離れて六省に行ったとき、かれが最初に訪ねたのは妻の家でした。家族はサック氏に喜んで食事をだし、そしてかれをより遠い西部に案内しました。

ホー主席は、

平和が回復したら、南に行って同胞を訪問し、父サックの足跡をたどり、父を守った同胞や家族に感謝したい。

と述べられました。

ホー主席のそばにいるのは仕事の関係だけでしたので、あまり接触はできませんでした。しかし、主席はわたしがなにをしているのか、わたしの人生の浮き沈みとわたしの性格も知っています。ある日、ヴーキー[105]氏がわたしに、主席は病気で、とても弱くなってしまった。

といい、そして、主席がかれに訊いたそうです。

ザウさんは今、なにをしていますか?

と。かれは、
ザウさんは、今、大学の教授です。

と答えたそうです。

ほどなくしてホー主席が亡くなると、わたしは葬儀委員会の命により、ホー主席のベッドの横に一度、同志たちと交代で立ちました。[106]

ホーチミン思想の研究

それ以来、わたしはホー主席研究に焦点をあてました。わたしはフランスに、そしてベトナムにもどり、その後カンボジアに行きましたので、ホー・チ・ミン氏について勉強する機会や資料もありませんでした。一九四九年から一九五〇年までその機会があり、今もつづけています。今では資料が手軽にはいります。『ホー・チ・ミン全集』の一六〜

ザウ教授夫妻

二〇巻[107]が出版されるとより資料が多くなります。わたしが考えるホーチミン研究とは、かれが書いたものだけではなく、同志たちが何度も聴いて記憶していること、そして一緒に仕事をしたひと、生前の対応の仕方などが対象となると思います。それもホーチミン思想です。ホーチミン思想は他の思想とは違い、書籍のなかだけを探すのではなく、発言や行動、対応、発言しなかったことや書かなかったことを含めて、ホー主席の全面的な思想を把握することができるのです。ということはたいへんむずかしいことです。

退職したのち、サイゴンに帰り、『ホーチミン市の文化・地誌』[108]の四巻本を書いています。そして、ホーチミン思想を研究するため、ホーチミン市に協力をよびかけました。マルクス・レーニン主義研究院[109]が、北部の研究者とホーチミン市の研究者に、ホーチミン思想全体の研究をするように要請しました。大歓迎です。

わたしはこの一年近くの間、自分の担当部分を執筆しましたが、まだ印刷されていません。おそらく他の部分の原稿を待っていると思います。わたし自身、病気になる前に『道徳学』、『ホー・チ・ミンの道徳』、『ベトナムの道徳』という本を書くつもりでした。これらの本をとても書きたかったのですが、健康状態がそれをゆるすか、わかりません。しかし、おおきい問題ですので、ほかの研究者に引きつづき研究していただきたい、と思っています。

わたしたちはおおきな嵐のただなかの大海に浮かぶ船のようなものです。天空のすべての星がぼやけている状況です。ただホー・チ・ミンの星だけが、わたしたちのコンパスなのです。ホー・チ・ミンの思想と道徳を深く研究せず、聡明かつ忠実にそれを適用しないと、とくに現状では、おおきな成果をあげることはむずかしいでしょう。ですから、ホー・チ・ミンから出発し、ホー・チ・ミンの思想や道徳にもどって深く研究する必要があり、ほかに方法はありません。〝ひとはかれの村に帰り、かれの池で行水をする〟のです。〝その池が澄んでいるか、濁っているか〟は問題ではありません。〝わが家の池が一番きれいな水〟なのです。[110]

一〇月革命におけるレーニンの実績は素晴らしいと思いますが、しかし、結局はあのようになってしまい、再建するのは容易なことではありません。一〇月革命が世界の革命に貢献したことはたしかですが、一〇月革命以降、この二〇世紀で人類に多大な貢献をあたえたもの、それは自負になってしまいますが、ベトナム革命だけです。一〇月革命は世界革命への道を開きましたが、ベトナム革命は世界の民族の解放事業に道を開きました。これは大きな事業です。

ベトナム革命とは、戦略・戦術、そしてホー・チ・ミンの思想・道徳をさします。ですから、時間をかけて調査すれば、貴重な成果がえられます。また、自分の体力が今年回復し、通常にもどって研究をつづけ、数百ページほどの本を書き、それが同胞に貢献するための最後の本となり、研究活動を終了するでしょう。民族の現在と未来のために同志たちが貢献することを期待しています。とにかく、とても困難であってもやろうと思っていますが、十分な時間があるのかわかりません。

おわりに

最後に、わたしはクアンさんにつぎのことを伝えたいと思います。わたしは教授になりました。みなさんの教師でした。あなたがたがあまり批判をしなかった教師です。それはわたしが革命活動をし、職業的革命家であったからです。革命家としては、わたしの実績は輝かしいものではありませんが、わたしは

小学生に囲まれて

いくつかの価値ある分野をつくりました。それは、研究と監獄内外での同胞を助けたこと、科学全般とマルクス・レーニン主義、そしてホーチミン思想を学んだことによっています。

要するに、わたしの人生は政治的な人生と科学的な人生でした。これらふたつは一緒に丸められています。これは、スプリングのふたつの端のように、もう一方の基礎になっています。さて、わたしの話は〝散発的〟でしたが、子どもと孫たちが読むために記録してください。それが、あなたの仕事です。

（グエン・ファン・クアンの記録一九九五年初頭、ホーチミン市にて）

【注】

1 タンアン（Tân An）市はホーチミン市の南西四七㎞ほどに位置する。人口は一八万人ほど（二〇一九年現在）。

2 ベトナムの南部、メコン・デルタ地帯に位置する省。省都はタンアン市。一九〇〇年にタンアン省となり、一九五六年にロンアン（Long An）省となる。省の人口は一六九万人ほど（二〇一九年現在）。

3　タップムオイ（Đồng Tháp Mười）平原は、海が干しあがってできた強酸性土壌で雨期にメコン河の水があふれる湿地帯である。面積は六九万七千ヘクタール。ロンアン省とティエンザン（Tiền Giang）省、ドンタップ（Đồng Tháp）省の三省にまたがり、ロンアン省が半分以上を占める。一九世紀末より運河開削がはじまり、ベトナム人の入植がすすんだ。

4　ユーカリと似た植物で原産国は東南アジアやインドなど。殺菌力があり、古くから万能薬として民間療法で利用された。

5　ベトナム南部の海岸沿いの地域。

6　グエン・トン（Nguyễn Thông、一八二七〜一八八四、あるいは一八九四年）は、旧ザーディン（Gia Định）省（現ロンアン省）出身の阮朝の官吏、詩人、学者。一八七六年、かれはベトナム人として最初にラムヴィエン高原（現在の避暑地ダラット（Đà Lạt）をふくむタイグイェン地域）を探検した。フエの国子監で『欽定越史通鑑項目』を調査し、『越史通鑑項目考略』を著す。若くして両親を亡くし、生活苦の中で独学した、反フランス（以下、反仏）・愛国主義者。

7　トゥー・ホア・フアン（khởi nghĩa Thủ Khoa Huân、一八一三〜一八七五年）の本名は、グエン・フユー・フアン（Nguyễn Hữu Huân）で、旧ディントゥオン（Định Tường）省（現在のティエンザン省）出身。一八三二年に官吏登用試験である郷試に首席合格（首科という）。首科はベトナム語でThủ Khoa（トゥー・ホア）のため、トゥー・ホア・フアンと愛称された。愛国的知識人でフランス植民地主義者に反対し蜂起したが失敗（一八六三年）。インド洋上にうかぶフランス領レユニオン島（La Réunion）に流刑（七年間）、帰国後も反仏闘争を展開し、一八七五年再逮捕。処刑される前に自殺した。

8 二〇世紀初頭にベトナム南部（全土を歴史的文化的に三区分した時の南部、当時は南圻とよばれる）の秘密結社による反仏闘争。一九世紀末の中国・義和団の乱の影響をうける。一九一四〜一九一八年ころには、南部で七〇〜八〇の秘密結社があり、フランス植民地反対、官吏の汚職撲滅、ベトナムの回復を主張。天地会は一九一六年二月に監獄を攻撃するが失敗した。

9 フランス植民地政権が一八八六〜一八九〇年に建設。多数の政治犯を収容。そのなかには、のちのベトナム民主共和国（通称、北ベトナム）の首相になったファム・ヴァン・ドン（Phạm Văn Đồng）もいた。現在のホーチミン市総合科学図書館の地。

10 グエン・アン・ニン（Nguyễn An Ninh、一九〇〇〜一九四三年）は、旧ザーディン（現ホーチミン市）出身の作家、ジャーナリスト、宗教研究者、そして革命家。一九二〇年、フランスで法学士号取得。在仏中にファン・チャウ・チンなどの愛国主義者と交流。一九二二年に帰国し、"La Cloche Fêlée"（ひびの入った鐘）を発行し、発禁処分をうける。何度も逮捕された。一九三九年に五年の刑をいいわたされ、コンロン監獄で獄死（一九四三年）した。

11 ファン・チャウ・チン（Phan Chau Trinh）は、ファン・チュー・チン（Phan Chu Trinh）ともよばれる（一八七二〜一九二六年）。詩人で作家。二〇世紀初頭の代表的な愛国志士で革命家。クアンナム（Quảng Nam）省ティエンフォック（Tiên Phước）県出身。科挙に合格し、官吏となるが朝廷に失望して一九〇四年に官職を辞した。西欧の民主主義思想の影響をうけ、一九〇七年にハノイでドンキン（東京）義塾を設立。一九〇六年に日本にわたり、ファン・ボイ・チャウとあう。一九一一年に渡仏し、この間、ホー・チ・ミンと交流があった。一九二五年に帰国し、民主、民生、民衆の気概をうったえる政治活動を展開したが、病気のため翌年死去した。

12 グエン・ティ・ビン（Nguyễn Thị Bình、一九二七〜）は、旧サーデック（Sa Đéc）省生まれ（現ドンタップ省）。代表的な女性政治家で革命家。父はクアンナム省ディエンバン県出身で、母は愛国志士で革命家のファン・チャウ・チンの二女。学生時代から反政府運動に参加し、一九四八年にインドシナ共産党に入党。一九五一〜一九五四年に投獄。一九六〇年、南ベトナム解放民族戦線の結成に参加。一九六八年、パリ和平交渉で戦線側の代表としてアオザイ姿で登場し、全世界の注目をあつめた。翌年、南ベトナム共和臨時革命政府の外相。統一後は、ベトナム社会主義共和国の教育相などを歴任し、一九九二〜二〇〇二年まで副大統領。日本語で読める回想記がある（『家族、仲間、そして祖国―グエン・ティ・ビン女史回顧録―』二〇一三年、コールサック社）。原著は、*Gia đình, bạn bè, đất nước* (*hồi ký*)、Nhà xuất bản Tri Thức、Hà Nội、二〇一二年である。

13 ファン・ヴァン・チュオン（Phan Văn Trường、一八七六〜一九三三年）は、ハノイ市出身の弁護士、愛国的ジャーナリスト。フランス留学し、ソルボンヌ大学で法学博士号取得。ベトナム人最初の法学博士となる。滞在中、ファン・チャウ・チンやグエン・アイ・クオック（のちのホー・チ・ミン）と交流。一九二三年に帰国し、フランス語新聞を発行し、投獄をうけながらも反動的フランス植民地主義者を批判した。

14 婚約者の名はド・ティ・ダオ（Đỗ Thị Đạo）。

15 フランスの南西部に位置する町。人口は四三万七千人ほど（二〇〇六年現在）。

16 一九二〇年に結成されたフランスの政党。前身のフランス社会党が一九二〇年一二月のトゥール党大会においてコミンテルン（第三インターナショナル）への加盟を決議し、党名を「共産主義インターナショナル・フランス支部」とした。一九四三年にコミンテルンが解散するとフランス共産党となった。マルクス・レーニン主義を掲げ、パブロ・ピカソやイヴ・モンタンらも党員だった時期がある。

17 第一次世界大戦に動員されたベトナム人兵士。

18 イエンバイ蜂起(Khởi nghĩa Yên Bái)とは、一九三〇年二月に北部と中部で、グエン・タイ・ホック(Nguyễn Thái Học、一九〇二～一九三〇年）を指導者とするベトナム革命軍がベトナム独立のためにおこした武力闘争。蜂起は失敗し、指導者たちはその年六月に斬首刑に処せられた。

19 グエン・タイ・ホック（Nguyễn Thái Học、一九〇二～一九三〇年）は、旧ヴィンイエン（Vĩnh Yên）省（現ヴィンフック（Vĩnh Phúc）省）出身。ベトナム国民党結成者のひとり。

20 キーコン（Ký Con）の本名はドアン・チャン・ギップ（Đoàn Trần Nghiệp、一九〇八～一九三〇年）。ハノイ市出身でベトナム国民党の指導者のひとり。一九三〇年に処刑された。

21 グエン・ヴァン・タオ（Nguyễn Văn Tạo、一九〇八～一九七〇年）は、旧チョロン（Chợ Lớn）省（現ホーチミン市）出身のジャーナリストで革命家。ベトナム人のなかでは初期の共産主義者の一人。サイゴンで学ぶが反政府活動をしたため放校処分になり渡仏。一九二七年、フランス共産党に入党。一九二九年、ベトナム人唯一のフランス共産党中央委員となり、植民地問題を担当する。帰国後、活動するが逮捕入獄。最後はコンロン監獄に入獄し、一九四四年に出獄。戦後はいくつもの役職につき、最後は国会の統一委員会の責任者となる。

22 注7参照。

23 グエン・シン・サック（Nguyễn Sinh Sắc、一八六三〜一九二九年）は、ゲアン（Nghệ An）省出身でホー・チ・ミン主席の実父。五人の子供があり、ホー・チ・ミンは三男。一八八四年に科挙の郷試合格（挙人）、一九〇一年に副榜（科挙の会試で進士につぐ合格者）となり、県の長官を歴任。愛国志士と交流。晩年は南部で漢方業として生計をたてていたらしい。

24 ホー・チ・ミンが一九三〇年二月に香港で主催した会議で「インドシナ共産党」グループ、「安南共産党」グループ、「インドシナ共産主義者同盟」グループを統一し、ベトナム共産党を創立。しかし、同年一〇月に、党名と路線を変更してインドシナ共産党と改名し、その後、偽装解散があったが、一九五一年にベトナム労働党となり、一九七六年にベトナム共産党となり、現在につづいている。党員数は四五〇万人ほど（二〇一四年現在）。

25 コミンテルンが一九二九年にフランス領インドシナにインドシナ共産党の結成を明確化し、それをうけて一九三〇年一〇月に成立した共産党。初代書記長はチャン・フー（Trần Phú）。ただし、それ以前に、ホー・チ・ミンによって成立したベトナム共産党を改名し、路線も変更した。

26 略称クートヴェ。一九二一年にモスクワに設立され、一九三八年に閉鎖された。この学校は、コミンテルン（第三インターナショナル、世界各国の共産党の統一組織、一九一九年創立、一九四三年に解散）が植民地および発展途上国の共産主義者と共産党幹部の養成のためにモスクワに開設した学校。

27 カール・マルクス（一八一八～一八八三年）は、ドイツ出身の哲学者、思想家、経済学者、革命家。一八四九年に渡英し、イギリスを拠点に活動。フリードリヒ・エンゲルスの協力をえながら科学的社会主義をうちたてた。資本主義の高度な発展により社会主義・共産主義社会が到来する必然性を説いた。マルクスの研究成果は二〇世紀以降の国際政治や思想に多大な影響をあたえた。主な著作に『資本論』『共産党宣言』（エンゲルスとの共著）『経済学批判』『ルイ・ボナパルトのブリュメール一八日』など多数があり、『マルクス・エンゲルス全集』の日本語訳がある。

28 フリードリヒ・エンゲルス（一八二〇～一八九五年）は、ドイツの社会思想家、政治思想家、実業家、共産主義者、革命家。カール・マルクスと協力して科学的社会主義の世界観を構築した。マルクスを公私にわたり支えた。主な著作に『空想より科学へ』『反デューリング論』『家族、私有財産および国家の起源』など多数がある。

29 ウラジーミル・イリイチ・レーニン（一八七〇～一九二四年）は、ロシアの革命家、政治家。ロシア社会民主労働党ボリシェヴィキ派（のちに共産党と改名）の指導者として活動し、一九一七年に一〇月革命を成功させた。史上初の社会主義国家であるロシア・ソビエト共和国が誕生した。マルクス主義者として政治、経済の分析から哲学に至るまでさまざまな著作を残した。日本語訳の『レーニン全集』があり、代表的な著作に『国家と革命』『帝国主義論』『ロシアにおける資本主義の発展』などがある。

30 ヨシフ・ヴィッサリオノヴィチ・スターリン（一八七八～一九五三年）は、ソビエト連邦の政治家。レーニンの死後、二九年間にわたり同国の最高指導者であった。この間、共産党幹部や一般党員、民衆、はては外国人にまで大規模な粛清をおこなった。その最盛期は一九三七〜一九三八年ころであった。日本語訳の『スターリン全集』がある。

31　ヨシップ・ブロズ・チトー（Josip Broz Tito、一八九二〜一九八〇年）は政治家。ユーゴスラビア社会主義連邦共和国大統領であった。

32　モーリス・トレーズ（Maurice Thorez、一九〇〇〜一九六四年）はフランスの政治家。一九三〇年から一九六四年までフランス共産党書記長で、一九四六年から一九四七年まではフランス共和国臨時政府の副首相を短期間務めた。

33　国際レーニン学校のこと。コミンテルンの第五回大会の決議に従い、一九二六年モスクワに設立され、一九三八年に閉鎖された。この学校は、最高幹部養成のためであり、東方勤労者共産主義大学などよりも上級の学校とされる。ベトナムでは、ホー・チ・ミンが学んでいた。

34　東方勤労者共産主義大学のことか？

35　ジャンネットフェルメール（Jeannette Vermeersch、一九一〇〜二〇〇一年）はフランスの政治家。フランス女性連合の重要なメンバーで国会議員（一九五八〜一九六八年）を歴任する。モーリス・トレーズの妻。

36　レ・フォン・ホン（Lê Hồng Phong、一九〇二〜一九四二年）の本名は、レ・フイ・ゾアン（Lê Huy Doãn）、ゲアン省出身の革命家。一九二三年にタイ、そして中国にわたり、ホー・チ・ミンの指導をうける。一九二六年にソ連にわたり、一九二八年にモスクワの東方勤労者共産主義大学で学ぶ。一九三一年末中国にもどり、インドシナ共産党海外委員会を設立。彼は一九三五〜一九三六年までインドシナ共産党の第二代書記長。一九三七年に帰国し、一九四〇年にフランス当局により二回目の逮捕投獄。一九四二年コンロン監獄で獄死。

37 ハー・フイ・タップ（Hà Huy Tập、一九〇二〜一九四一年）は、ハーティン（Hà Tiên）省出身の革命家。一九二八年末に中国広州にわたり、ベトナム青年革命会にはいる。一九二九年、ソ連にわたり、東方勤労者共産主義大学で学ぶ。一九三二年、帰国途上でフランス当局に逮捕される。その後、一九三四年、中国マカオに行き、インドシナ共産党海外委員会に参加。インドシナ共産党第三代書記長となる。帰国後、革命運動を指導するもフランス植民地政権に逮捕され、ナムキー（南圻）蜂起の指導者として銃殺刑に処せられる。

38 ベトナムの監獄は独房室もあるが、多人数を収容する大部屋もあった。この大部屋で講義をした。

39 バーリア・ブンタウ（Bà-Rịa Vũng Tàu）省に属する南シナ海上にある島。通称、コンダオ（Côn Đảo）。一三の島からなり、最大のコンロン島に、植民地時代に〝虎の檻〟といわれる政治犯収容所をつくり、ベトナム戦争中まで監獄の島として知られていた。一九七五年、南北統一以降に廃止された。

40 ベトナム東南部のビエンホア（Biên Hòa）省（現ドンナイ省）にあった政治犯収容所。

41 ブイ・コン・チュン（Bùi Công Trừng、一九〇一〜一九七七年）は、トゥアティエンーフエ（Thừa Tiền Huế）省出身で儒学者の家系に生まれる。政治家で理論家、ジャーナリスト。一九二七年、モスクワの東方勤労者共産主義大学で学び、一九三〇年帰国し、政治活動をする。一九三八年に逮捕、コンロン監獄でザウ教授と同じように政治犯にマルクス・レーニン主義を講義する。戦後は、ベトナム民主共和国時代の経済相などを歴任。

42 不詳。

43 一九四五年のベトナム八月革命によって、ベトナムで成立した東南アジア最初の社会主義国家。第一次インドシナ戦争の結果、一九五四年以降は暫定的に「北緯一七度線」以北のベトナムを統治する分断国家となったため、通称、北ベトナムとよばれた。一九七六年に南ベトナムと統一し、ベトナム社会主義共和国となり、発展的に消滅した。

44 ベトミン（ベトナム独立同盟会）が総蜂起した一九四五年八月革命によってベトナム最後の王朝である阮朝が崩壊し、ベトナム民主共和国が成立した。しかし、フランスによるインドシナ再植民地化によって第一次インドシナ戦争がはじまった。

45 ベトバック（Việt Bắc）はハノイの北部地域。第一次インドシナ戦争時におけるベトミン（ベトナム独立同盟）の活動拠点地域。その地域は、カオバン(Cao Bằng)省、バクカン(Bắc Kạn)省、ランソン(Lạng Sơn)省、ハーザン（Hà Giang）省、トゥエンクアン（Tuyên Quang）省、ターイグエン（Thái Nguyên）省の六省。

46 ズオン・ドゥク・ヒエン（Dương Đức Hiền、一九一六〜一九六三年）は、旧バクニン（Bắc Ninh）省(現、ハノイ市)出身のベトナムの政治活動家。一九四四年に設立されたベトナム民主党の初代書記長。ベトミンに参加し、ベトナム民主共和国臨時政府の青年部長などを歴任する。

47 東方勤労者共産主義大学のことか。

48 第一次インドシナ戦争中に解放区であったタインホアに設立された学校（Dự bị Đại học Thanh Hóa、一九五一～一九五四年）。ベトナム民主共和国政府は全国を行政・軍管区として大きく区分した。北部を三連区（第一、第一〇、第三）、中部を二連区（第四、第五）、南部を一連区（第七、第八、第九、特区サイゴン・チョロン）とし、各連区に闘争委員会と司令部を設置した。一九五七年以降は軍区となる。その第四区は、北中部の反仏闘争地域でタインホア省、ゲアン省、ハーティン省、クアンビン省、クアンチ省、トゥアティエン省の地域である。

49 一九五四年に設立されたハノイ師範大学とその後のハノイ総合大学（Trường đại học thong hợp Hà Nội、一九五六年創立）のこと。一九九三年にいくつかの大学と連合し、人文系はハノイ国家大学（Trường đại học Quốc gia Hà Nội）の人文社会科学大学（Trường đại học khoa học xã hội và nhân văn）となる。

50 フイン・ヴァン・ティエン（Huỳnh Văn Tiểng、一九二〇～二〇〇九年）は、ホーチミン市出身。ベトナム民主党常任委員などを歴任後、ホーチミン市テレビ局社長。革命的音楽家でもあった。

51 フイン・タン・ファット（Huỳnh Tấn Phát、一九一三～一九八九年）は、旧ミート（Mỹ Tho）省（現ベンチェー省、Bến Tre）出身の建築士で政治活動家。学生時代から政治活動をし、一九四五年にインドシナ共産党に入党。一九四六年に逮捕される。南ベトナム臨時革命政府の主席（一九六九～一九七六年）。ベトナム社会主義共和国の副大統領（一九七六～一九八一年）を歴任。南ベトナム臨時革命政府の国旗（上部が赤色、下半部が青色で真ん中に星を配す）の制作者でもある。

52 一九五四年八月後半の全国蜂起によって独立をした革命。

53 *Biện chứng pháp*（『弁証法』）は一九五五年刊。*Duy vật lịch sử*（『史的唯物論』）は一九五七年刊。

54 チュオン・チン（Trường Chinh、一九〇七～一九八八年）は本名をダン・スオン・クー（Đặng Xuân Khu）でナムディン省（Nam Định）出身。理論家であり、詩人でもあった。早くから政治活動に参加し、ファン・ボイ・チャウの釈放運動などにかかわる。一九二九年、インドシナ共産党設立に参加。一九三〇年末逮捕され、一二年の刑をうけるが一九三六年に出獄。一九四一年に共産党書記長となるが、一九五六年の土地改革に失敗し、書記長を解任された。一九八六年にレー・ズアン書記長（Lê Duẩn）の死亡により、書記長に復職し、ドイモイ（Đổi Mới、刷新）路線を決定した。

55 当時、フランスの植民地であった人びと。

56 グエン・ヴァン・ヒエン（Nguyễn Văn Huyên、一九〇五～一九七五年）は、旧ソンタイ（Sơn Tây）省（現ハノイ市ホアイドック県）出身の歴史学者で民族学者、教育者。教授・博士である。フランス・ソルボンヌ大学に留学し、博士号取得。一九三五年帰国。一九四六～一九七五年までベトナム民主共和国の教育相。

57 グエン・カイン・トアン（Nguyễn Khánh Toàn、一九〇五～一九九三年）は、ヴィン市（Vinh）の知識人家庭の出身。革命家、学者で教育家。教授でアカデミー会員。学生時代から政治活動に参加し、一九二八年に渡仏し勉強と政治活動をする。一九三〇年にフランス共産党の紹介でソ連の共産党学校で学ぶ。その後、東方大学歴史学科で歴史研究をおこない、"Chiến tranh nông dân ở Đông Dương

vào thế kỷ XVIII - Khởi nghĩa Tây Sơn〟（一八世紀におけるインドシナの農民戦争―タイソン蜂起―）で博士号取得。一九三一年、インドシナ共産党に入党。かれは一九四五年から一九八二年までのベトナム教育界と社会科学界に大きな貢献をした。主な著作に、*Vài nhận xét về thời kỳ từ cuối nhà Lê đến nhà Nguyễn Gia Long*〟1948（『黎朝末から阮朝のザーロン帝までの時期についての考察』一九四八年刊）、*Giáo dục dân chủ mới*〟1947（『新しい民主主義教育』一九四七年刊）などがある。

58 タインホアとゲアン、ハーティン地域。当時、解放区になっていた。

59 出身階層によって職業が制限されていたらしい。

60 フォー・ドック・トー（Phó Đức Tố）。自然科学部門の研究者。詳細不明。

61 グエン・トゥック・ハオ（Nguyễn Thúc Hào、一九一二〜二〇〇九年）はゲアン省出身で、科挙の上席の合格者の一族。教授で専門は数学。一九二四年にフエの国学堂入学試験で主席合格し、二位はボー・グエン・ザップ（Võ Nguyên Giáp、のちボー・グエン・ザップ大将）であり、以後友人となった。一九二九年に渡仏し、マルセイユ科学大学で学び、修士号を取得。一九三五年帰国し、フエの国学堂で数学を教える。八月革命後、中部における中等学校の校長となり、のち故郷のヴィンにもどりヴィン師範大学を創立、初代の学長となる。また、ハノイに創立されたハノイ科学大学（Trường Đại học Khoa học Hà Nội）の書記も兼職する。ベトナムにおける最初の数学教授として認定される。

62 辞書などに記載なく、不明。

63 ダオ・ズイ・アイン（Đào Duy Anh、一九〇四〜一九八八年）は旧ハドン（Hà Đông）省（現ハノイ市

64　タインオアイ県）出身でタインホア（Thanh Hóa）生まれ。フエの国学堂で学ぶ。ベトナム革命党（のちの新越党）に入党。マルクス主義にもとづく研究をおこなった。歴史学、地理学、辞書学、言語学、文化学、宗教学、民間文学研究など、ベトナムの社会科学研究分野を開拓した。主な著作に、*Hán Việt từ điển*（『漢越辞典』一九三二年刊）、*Pháp Việt từ điển*（『仏越辞典』一九三六年刊）、*Cổ sử Việt Nam*（『ベトナム古代史』一九五五年刊）、*Lịch sử Việt nam*（『ベトナム史』一九五五年刊）など多数。ニャンヴァンーザイファム（Nhân văn-Giai phẩm）事件（表現の自由をもとめた知識人・芸術家が一九五五～一九五八年まで党批判をし、これに対して共産党がおこした弾圧事件）によって、一九五八年以降は研究に専念した。逆に党批判に反対した人物に、ダン・タイ・マイ（Đặng Thai Mai）やファム・フィ・トン（Phạm Huy Thông）などがいた。ザウ教授がどのようにかかわったか、不明。

ダン・タイ・マイ（Đặng Thai Mai 一九〇二～一九八四年）は、ゲアン省出身の作家で文芸評論家、教授。儒者の家系で愛国主義者。教育相を歴任し、ベトナム文学院の初代院長。主な著作に、*Văn học khái luận*（『文学概論』一九四四年刊）、*Tập văn Trung Quốc*（『中国文学』一九四四年刊）、*Văn thơ cách mạng Việt Nam đầu thế kỷ XX*（『二〇世紀初頭のベトナムの革命詩文』一九六〇年刊）など、多数。

65　ハノイ師範大学（Trường đại học Sư phạm Hà Nội）。一九五一年創立。現在も存在する教員養成の大学。

66　一九五四年、第一次インドシナ戦争の終結を決めた国際会議。

67　タインホア省のノンコン（Nông Cống）県の県庁所在地。

68　タインホア省のティユホア（Thiệu Hóa）県の県庁所在地。

69 ファム・フイ・トン（Phạm Huy Thông、一九一六〜一九八八年）は、フンイエン省（Hưng Yên）出身の詩人、教育者、社会科学研究者。一九三七年に渡仏し、大学で歴史学、地理学、法学、経済学、政治学を学ぶ。二六歳のとき、法学博士号取得、歴史地理学の修士号を取得。三一歳でフランスの教授となる。一九四六年にフランス・フォンテーヌブロー（Fontainebleau）会議でホー・チ・ミン主席の通訳をする。以後、ホー・チ・ミン主席に従う。一九四九年、フランス共産党に入党。一九五三年にベトナム労働党に入党。一九五二年、帰国。一九五五年、フランス当局によって逮捕。出獄後、ハノイ師範大学（一九五六〜一九六六年）、ベトナム考古学院長（Viện Khảo cổ học、一九六七〜一九八八年）の要職につく。

70 *Chống xâm lăng*（『侵略に抵抗する』）は、一九五六〜一九五七年刊、三巻（Nhà xuất bản Xây Dựng、建設出版社）。

71 ザウ教授は khởi nghĩa Xô-viết Nghệ An とよんだが、khởi nghĩa Xô Viết Nghệ - Tĩnh のこと。ハーティンとゲアン省の労働者や農民がフランス植民地主義者に反対して蜂起。一九三〇〜一九三一年におこった。

72 不詳。

73 Hồ Nam

74 チャン・フイ・リユウ（Trần Huy Liệu、一九〇一〜一九六九年）は、ナムディン省出身の作家で革命家、歴史学者、ジャーナリスト。一七歳で愛国的な詩をつくり、新聞記事を書く。一九二六年に青年党

（Đảng Thanh niên）をつくる。その後、ファン・チャウ・チンの葬儀に参列、グエン・アン・ニンの活動に参加し、愛国主義的な書物二三冊を刊行する。ベトナム民主党に参加しているときに逮捕、五年の刑でコンロン監獄に入獄。一九三六年にインドシナ共産党に入党。一九三九年逮捕投獄。一九四五年三月、ベトミンの Cứu quốc（『救国』報）に参加。一九五三年から研究に転じ、『文学・歴史・地理』研究班の責任者となり、初代の史学院の院長となる。ベトナム歴史学会初代会長。*Hồi ký Trần Huy Liệu*（『チャン・フイ・リユウ回想記』一九九一年刊）がある。ほかに、*Lịch sử 80 năm chống Pháp*（『フランス抵抗の八〇年の歴史』三冊、一九五六～一九六〇年刊）、*Sơ thảo lịch sử cách mạng cận đại Việt Nam*（『ベトナム近代革命史の初稿』一九五〇～一九五一年刊行）、*Tài liệu tham khảo lịch sử cận đại Việt Nam*（『ベトナム近代史参考史料』一九五四～一九五八年刊、一二冊）など、多数がある。

75　史学院は一九五三年に設立。

76　一九六〇～一九七五年に所属。

77　*Lịch sử Việt Nam*（『ベトナムの歴史』）は、一九五七年刊（Nhà xuất bản Xây Dựng）。

78　*Việt Nam trên đường cách mạng*、詳細不明。

79　Xuyên Vân Nhạn

80　*Duy vật lịch sử*（『史的唯物論』）の誤りか？ *Duy vật lịch sử* は一九五七年刊、全三〇五頁。

81　*Biện chứng pháp*、一九五五年刊行、二三八頁。

82 *Giai cấp công nhân Việt Nam*、一九五七年刊、約一五〇〇頁、四冊。一九六一年に補充、全五二八頁、Nhà xuất bản Sự Thật（スータット出版社）。

83 ファン・ボイ・チャウやファン・チャウ・チンのようなひと。

84 三巻本。一巻目は *Hệ ý thức phong kiến và sự thất bại của nó trước nhiệm vụ lịch sử*（『歴史的課題の前の封建意識とその失敗』一九七四年）、二巻目は *Hệ ý thức tư sản và sự thất bại của nó trước nhiệm vụ lịch sử*（『歴史的課題の前のブルジョア・イデオロギーとその失敗』一九七五年）、三巻目は *Thành công của chủ nghĩa Marx-Lenin, tư tưởng Hồ Chí Minh*（『マルクスーレーニン主義とホー・チ・ミン思想の成功』一九九三年）。一・二巻は Nhà xuất bản khoa học xã hội（社会科学出版社刊）、三巻は Nhà xuất bản Chính trị quốc gia（国家政治出版社刊）。

85 *Giá trị truyền thống của dân tộc Việt Nam*（『ベトナム民族の伝統的精神の価値』一九八〇年刊）は、（nhà xuất bản khoa học xã hội　社会科学出版社）、三一四頁。

86 原文では、"Cụ"（ク）を使用している。ベトナム語の「ク」とは、目上のひとにたいする最高の尊称。訳文では、「氏」とする。ベトナムでは、ホー・チ・ミンのことを、目上の尊称でかつ親しみをこめて、"Bác Hồ"（ホーおじさん）とよびことが多い。

87 グエン・アイ・クオック（漢字で書くと阮愛国）はホー・チ・ミンの別名。

88 グエン・アイ・クオックがフランス語で書いたこの文章の"Bản án chế độ thực dân Pháp"は、一九二五～一九二六年にコミンテルンの"Imprékor（インプレコール）"に掲載された。

89 注21参照。

90 南部の六省。

91 ホー・チ・ミンの考え方は、ベトナムの愛国主義と共産主義を結合しようとした点に特色がある。しかし、一九二八年のコミンテルン第六回大会で決定された路線は、植民地・従属国でも階級闘争を重視する路線に変わり、ホー・チ・ミンの反帝国主義の課題を重視し、階級闘争を軽視した愛国主義的な考え方は、コミンテルン路線を大きく逸脱したものと考えられた。

92 ゲオルギ・ディミトロフ（一八八二～一九四九年）は、ブルガリアの政治家。ブルガリア人民共和国の閣僚評議会議長（首相格）、コミンテルン書記長（一九三五～一九四三年）、ブルガリア共産党書記長を歴任した。

93 反ファシズム統一戦線のこと。民主主義勢力の統一戦線により、ファシズムを阻止しようとした政治運動。一九三五年のコミンテルン第七回大会のときに決定された。フランス・スペインの人民戦線政府の成立には、この方針による共産党の戦術転換が大きな役割を果たした。しかし、一九三九年の独ソ不可侵条約の締結により、スターリンの介入でコミンテルンは、この方針を放棄し、イギリス・フランス主敵論に転換した。

94 一九三四年、グエン・アイ・クオックがモスクワ入り。

95 本文の〝民主戦線〟とは、植民地・従属国でも階級闘争を重視する路線のことであり、〝民族民主戦線〟とは、反帝国主義の課題を重視し、愛国主義的な考え方も容認し、統一戦線をつくる考えであろう。

96 ベトナム独立同盟（Việt Nam Độc lập Đồng minh Hội、略称、ベトミン）。インドシナ共産党中央委員会第八回会議のおりに創設を決定（一九四一年五月一九日）。創設の目的は、人民のすべての階層、革命的諸政党、愛国的な大衆組織が協力して日本、フランスと戦い、ベトナムを完全に独立させ、ベトナム民主的共和国を樹立する、というもの。

97 タンチャウ（Tân Trào）は八月革命の拠点。一九四五年八月一三日に、ベトナム共産党が全国蜂起を決定した場所。

98 ウン・ヴァン・キエム（Ung Văn Khiêm、一九一〇〜一九九一年）は、旧ロンスエン省（Long Xuyên、現アンザン省）出身の革命家で外交官。一九一九年、安南共産党（An Nam Cộng sản Đảng）設立に参加するがその後、ベトナム共産党に合流。反政府活動で二度逮捕投獄。ベトナム民主共和国の外務大臣、内務大臣などを歴任。ベトナム労働党（のちのベトナム共産党）の中央執行委員を歴任。

99 ハー・フイ・ザップ（Hà Huy Giáp、一九〇八〜一九九五年）は、ハーティン（Hà Tĩnh）省出身の革命家、ベトナム共産党中央執行委員、教育省次官、文化省次官、共産党史研究班副責任者などを歴任。

100 親指の頭くらいのナス。漬物として庶民の食卓によくでる。

101 その背景には、第二次世界大戦期にタイの抗日運動を指揮したプリーディーが、戦後に首相となり、左派政権が誕生したが、一九四六年に親米のピブーンを中心とする一派のクーデタにより失脚し、一九四九年に亡命したためである。

102 ファン・ケー・トアイ（Phan Kế Toại、一八八九〜一九七三）は、旧ソンタイ省ドゥンラム村（現ハノイ・

ソンタイ市ドゥオンムラ）出身で阮朝の大官（大臣）、チャン・チョン・キム政権（Trần Trọng Kim）の欽差大臣であった。八月革命でベトミンに参加。のちに、ベトナム民主共和国に副首相（一九五五〜一九七三年）となる。

103 ディプ・ミン・チャウ（Diệp Minh Châu、一九一九〜二〇〇二年）は、ベンチェー省出身の画家、彫刻家。

104 ファム・ゴック・タック（Phạm Ngọc Thạch、一九〇九〜一九六八年）は、クアンナム省出身の医師で教授、博士。ベトナム民主共和国の保健相。一九二八年、ハノイ医科大学（Đại học Y Hà Nội）で学び、その後渡仏し、医学を学び一九三四年卒業。この間、愛国主義運動に参加。大衆戦線（一九三六〜一九三九年）の時代に、サイゴンで革命運動に参加、ベトナム国家独立党の書記長。一九四五年、インドシナ共産党に入党。八月革命後、ベトナム民主共和国臨時政府の初代の保健相（一九四五年）となる。

105 ヴーキー（Vũ Kỳ、一九二一〜二〇〇五年）の本名はヴー・ロン・チュアン（Vũ Long Chuẩn）でホー主席の個人秘書。ハノイ市出身。元ベトナム社会主義共和国の国会議員。元ホーチミン博物館長。

106 葬儀にあたり、関係者が遺体のそばに立ち、参列者をむかえる習わしがある。

107 ホーチミン生誕一〇〇周年にあたる一九九九年に、Nhà xuất bản Chính trị quốc gia - Sự thật（国家政治・事実出版社）は *Hồ Chí Minh toàn tập*（『ホーチミン全集』）全一〇巻を刊行。二〇〇〇年に全一二巻を刊行、二〇一一年にはホーチミン国家行政・政治学院が全一五巻を刊行。

108 Địa chí văn hóa Thành phố Hồ Chí Minh、一九八九年刊（Nhà xuất bản Thành phố Hồ chí Minh、ホーチミ

ン市出版社)。

109 マルクス・レーニン主義・ホーチミン思想研究院(Viện nghiên cứu chủ nghĩa Mác Lênin và tư tưởng Hồ Chí Minh)のこと。ベトナム共産党理論研究センターに所属。もとはマルクス・レーニン主義研究院で一九八二年設立。一九九二年にマルクス・レーニン主義・ホーチミン思想研究院に改名。

110 このたとえは、男性が結婚をする場合、同じ村の女性が一番良く、どのような女性であれ、同じ村の女性が一番良い、という意味。つまり、外来の思想よりも、国内で育った思想が良い、ということであろう。

一九四五年八月革命のチャン・ヴァン・ザウ氏

グエン・タイン・ティエン（ホーチミン市、師範大学歴史学科教員）

一九四五年八月末、首都ハノイの臨時政府主席府の職員から南部の臨時行政委員会に電話がありました。それは、政府から、すべての地方で九月二日の日曜日の午後に、独立と自由の完全な勝利をおさめた八月革命を記念して式典を開催する、との通知でした。とくに、午後二時、ハノイ・ラジオ局が独立宣言を三二メートル周波で直接放送し、ベトナム民主共和国の誕生を国内外に発表するとのことでした。

この情報をうけ、南部党委員会の書記長で南部臨時行政委員会の主席でもあるチャン・ヴァン・ザウ氏は、当委員会とベトミン祖国戦線[1]、臨時行政委員会の合同会議を招集し、独立式典のプログラムと分担を決めました。

その会議で、式典の組織委員会はホー主席の独立宣言のあとに、ザウ氏に演説をするように要請しました。かれは八月二五日の集会で、すでに話をしたということで、これを断りました。かれは、臨時行政委員会を代表してファム・ゴック・タック博士[2]に、そして南部の国民を代表してグエン・ルウー氏[3]に宣誓をするように提案しました。その後、市民や武装勢力が市内中心部のいくつかのメインストリートを行進することになりました。

九月二日の正午一二時に、ドックバー大聖堂の後ろのコンホア目抜き通り（ノロドム通りを改名、現在のレー・ズアン通り）の式典区域にさまざまな方向から人びとが集まってきました。各通りには、反ファシスト連合国（ソ連、アメリカ、イギリス、中国国民党）の四か国の国旗と、そのあいだに〝金星紅旗[4]〟がはためいていました。ベトナム語、英語、フランス語の三言語による〝独立か死か〟の横断幕もありました。

午前二時一五分、式典は国旗掲揚ではじまりました。当時、サイゴンでは、ヴァン・カオ氏[5]のティエン・クアン・カー（進軍歌）をだれも知りませんでしたので、軍楽隊が国際歌と青年行進の歌を演奏しました。その後、司会者が、ちょうど二時にホー・チ・ミン主席が自ら読む独立宣言を放送すると発表しました。だれもが静かに待っていましたが、ハノイ放送局の電波をとられることができませんでした。式典委員会は混乱し、参加者は動揺しました。だれかが、〝妨害者がいる！〟といいました（その後わかったことですが、ハノイのラジオ局の電波が弱すぎたため、サイゴンでは受信できなかったのでした）。

この状況をなんとかすべく、組織委員会はザウ氏に、皆を安心させるために演説をするように要請しました。かれは準備する間もなく式台にのぼり、即席の演説をしました。当時、新聞記者は今のようなテープレコーダーはありませんでしたが、多くのひとが速記に長けていたため、演説をすばやく記録し、翌日の朝刊（サイゴン新聞や電信報など）に発表されました。

はじめに、ザウ氏は独立宣言の意義について次のように述べました。

本日、ホー・チ・ミン同志の指導する中央政府の命令に従い、わたしたちは独立記念式典を挙行し、

独立宣言するホー・チ・ミン（1945年）

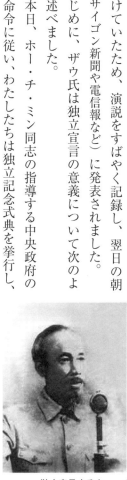

ベトナム全土での革命の勝利を祝します。本日、さらに、わたしたちは同盟国と世界に、そして友人と敵にたいして、独立と民主主義を守る決意していることを表明します。

この発言を通して、かれは、八〇年以上にわたった植民地が終焉し、中央政府によって統一されたベトナムが誕生したことを明らかにしました。

かれは聴衆に、

勝利を祝おう、しかし、みなさん勝利に酔ってはなりません。

と何度もいいました。それは、わが祖国は外国の敵に対処しているため、わたしたちの最愛のベトナムは、危険な状況に直面しているからです。

わたしたちが、主観的に自己満足しているのであれば、気をつけなければ、わたしたちの国、国民は、奴隷制度の軛に戻されるかもしれないからです。

世界の人びとにむかって、かれは、

わが民族は、独立と自由に生きる権利を持っています。わが民族の独立と自由を承認する、世界のあらゆる国と絆を結ぶ準備ができています。

と述べ、フランス人にたいして、かれはベトナム政府とベトナムの人びとの善意を述べ、もし、フランスがわたしたちの国の独立を承認するならば、ベトナム民主共和国はフランス共和国の経済、文化、そして軍事の面で協定を締結する用意があります。

さらに強調して、

もし、フランス政府が再びベトナムを支配しようと企てるならば、わたしたちは、たとえどのような恫喝や扇動があろうとも、譲歩せず、死を誓う。

といいました。最後に、かれは聴衆に、

戦う準備をしよう！ 機会があったらいつでも、国にわが身をささげよう！

スピーチはつぎの言葉で終わりました。

進もう！ 独立と自由のために絶えず進もう！ 解放の途中で、全人民の意志を阻止する要塞などありません。

長く響きわたる拍手は、その演説をしたのが、南部の党書記長で主席であったかれにたいする聴衆の反応でした。

ザウ氏はフランスとソ連で働いていたため、一五年前からグエン・アイ・クォック、つまりホー・チ・ミン主席の名前を知っていました。しかし、そのときまで、かれは尊敬する指導者にあう機会がなく、また意見交換もありませんでした。かれは謙遜し、わたしの即席の演説は、たとえどんなに歓迎されても、ホー・チ・ミン主席の独立宣言に取って代わることができません。

といいましたが、このふたつの演説、つまり、わが国の中心である首都ハノイとサイゴン市でほとんど同時に発表されたこの演説は、興味深いほどの類似点がありました。国民と世界の人びとの前で、おふたりは八月革命で、ベトナム人全体の人生の変化を宣言しました。ホー・チ・ミン主席は、

わが民族は、独立したベトナムの国を建設するために、一〇〇年近く植民地主義の軛を倒す戦いをしました。わが民族は、何十世紀も君主制を倒す戦いをし、民主共和制を築きました。

と宣言しました。ザウ氏は、

ベトナムは植民地国家から独立した国になりました。ベトナムは帝国から民主共和国になりました。

と宣言しました。

おふたりは、議論の余地のない事実を確認しました。これから、ベトナム民族は独立と自由のもとで生存する権利をもち、その生存権を守ることを決意したのです。ホー主

席は、

ベトナムの国は、自由と独立の権利をもち、（略）、ベトナム全国民は、この自由と独立を守るために、精神と力、生命と財産のすべてをもつ権利があります。

と述べ、ザウ氏は、

ベトナムの人びとは、独立と自由を生きる権利をもっています。（略）、わが同胞はみな、奴隷制度の軛にうんざりしており、ベトナムの国の独立と自由のために犠牲を払うことを決意しています。

と述べています。どちらも見事なほどよく似たスタイルです。独立宣言を読んでいるとき、ホー主席は、突然立ち止まり、みなにこう訊きました。

わたしが話したことを、みなさん、はっきりと聴こえますか？

その質問で、指導者と大衆の間の垣根はなくなりました。

南部では、ザウ氏が同じような動きをしました。話しているとき、かれは立ち止まり、聴衆に二つの質問をしました。

みなさん、この地方を統治する全権をひとり[6]にゆだねていいと思いますか？ また、植民地政権が表にで、あるいは隠れたりすることがあってもいいと思いますか？

何千人もの聴衆が一斉に、
反対。反対。

といったのです。

大衆と直接対話することにより、〝革命は大衆の事業である〟という精神を、みなの心に植えつけたのでした。したがって、植民地主義者たちが戦いを仕掛けても、南部の何百万もの人びとは、〝断固として政府の立場に立ち、たとえ死しても侵略に抵抗する〟という、気持ちになったのでした。

一九四五年九月二日のふたつの演説の偶然の一致は、祖国の危険な運命をまえにし、独立と自由を守るため、年齢や財産の有無、宗教、民族の区別なく、南から北のすべてのベトナム国民が喜んで犠牲になるという真実の結果でした。

一九四五年秋、歴史的瞬間のなかで、ザウ氏の即興の演説は、南部民衆の剛毅さをいかんなく発揮した雄々しいものでした。

【注】

1 一九五五年に北部で結成された大衆組織。

2 ファム・ゴック・タック（Pham Ngoc Thach、一九〇九～一九六八年）は、医師で活動家。一九四五年インドシナ共産党に入党。ベトナム民主共和国臨時政府の保健衛生大臣（一九四五）、民主共和国保健衛生大臣（一九五八～一九六八）など要職を歴任する。

3 不詳。

4 ベトナムの国旗。ベトミンの旗をもとにつくられた。旗の地は、赤色で独立のために流した血を象徴し、旗中央の星は共産党による国家指導を表し、星の金色は革命を、星から出る五芒は〝労働者・農民・兵士・青年・知識人〟を意味している。

5 ヴァン・カオ（Văn Cao、一九二三～一九九五年）は、音楽家。ベトミン（ベトナム独立同盟会）の軍歌として一九四四年に作詞作曲し、以後、国歌として採用され、現在のベトナム社会主義共和国の国歌になる。

6 インドシナ総督のこと。

チャン・ヴァン・ザウ先生の教えをうけた日々

ファン・フイ・レー[1]（故人、ハノイ総合大学教授、元ベトナム歴史学会長）

わたしは一九五二年の晩夏から初秋ころのことを、まだ鮮やかに覚えています。

当時、わたしはハーティンのドゥクトに疎開していたファンディンフンの中等学校[2]（高校）を卒業したばかりでした。わたしは数学と物理学が好きでしたので、大学でそれを専攻したいと思っていました。当時、第四区（タイン・ゲティン）[3]のタインホアに、社会科学部門と自然科学部門をもつ唯一の大学準備学校[4]がありました。もちろん、わたしは、自分が得意であり興味があった数学・物理・化学クラスを希望し、応募しました。

わたしは古い教育システムで卒業しました。評価は、歴史と数学が得意と指摘されましたが、それでも数学と物理学が好きでした。その興味は、高校の二年間、つまり八年生、九年生と九年生の補講でさらに深まりました。一九四九年から一九五〇年の間に、一部の教師は戦争の苦しさに耐えられず、〝都市に入る〟（フランスが占領した都市）ため、解放区をすてましたので、多くの学校では教師がたりませんでした。ファンディンフン学校もそのような状況にあり、わたしたちのクラスでも物理学などの科目で教師が不足していました。学校の指導で、教員が不足している科目にたいして得意な生徒グループをつくり、参考書を探させ、その内容を同級生に説明し、一緒に勉強していました。もともとわたしは物理学が好きで、また得意でしたので、物理学のグループにはいりました。独学が必要でしたので、数理学、とくに物理学を非常に好んでいました。わたしは一日中没頭し、ときには徹夜でフランス語の何冊かの教科書や練習問題を調べ、お互いに翻訳しまとめ、同級生に講義し、またかれらのむずかしい質問にも答えられるようにしたことを、今でも覚えています。数学にもっとも近い物理の先生がわたしたちを助けてくれました。九年生の補講学習をし、歴史の成績は、

　学習は十分であり、深く理解している。

と評価され、数学・物理・化学は、

　夢中になって勉強している。優秀である。

とみなされました。

わたしが大学準備学校の数学・物理・化学を受験したいと思ったのは、そのような高校生のころの夢中になって勉強した経験から生まれたのでした。わたしと故郷が同じのハーティン出身の、現在ハノイ師範大学の教授であるチュオン・フユ・クイン氏は、タインホアに行く徒歩グループのひとりでした。わたしたちは国道一号線を歩いていると、日中は敵機に激しく攻撃されるのでした。したがって、敵機の襲撃時間である午前九時から午後四時まで、国道一号線から数キロ離れた場所で、食事をつくり、休息するための家をみつけねばなりませんでした。各人は、肩にご飯をいれた長い袋と、衣類をいれた布製のバック、ごま塩を含んだ塩辛い食べ物と〝けちんぼ[6]〟のかなり塩辛い炒めた少しの肉を背負っていました。民家では炊飯用に食器をかり、少しの野菜や漬物などをもらい食べ、そしてビンロウジュ果苞でご飯を握り、夕食を用意しました。

反仏闘争の期間、生活はたいへん困難で、すべてのものに困窮していましたが、民衆の心はほんとうに美しかったのです。わたしたちが通過する各村の人びとは、わたしたちにやさしく、わが子のように助けてくれました。多くの家族は新しい食べ物を用意し、一緒に食事をしました。午後四時頃に再び出発し、一号線をタインホアまで歩きました。

わたしたちは一晩中歩き、疲れたときやお腹がすいたときは道端で休んだり、小さな店にはいって水を飲んだり食べたりしました。

そのため、ハーティンから大学準備学校まで（当時はタインホアのティウホアにありました）、距離にして約二五〇㎞でしたが、八日間かかりました。チャン・ヴァン・ザウ教授が学長であった大学準備学校は、ティウホア県カウケにありました。ハーティンの高校はファンディンフン学校とフイントゥクカン学校の二校で、みなハーティン省ドクトのチャウフォンにありました。わたしたちはチャン・ヴァン・ザウ教授が文化大学準備学校（ゲアンのバックゴックに移動していたとき）で、時々講義をしていることを聞いていました。ゲ・ティン[7]の生徒の間では講義内容が有名でした。

わたしたちは学校に遅れて到着し、みな社会科学部門に配属されていました。わたしはたいへん悲しくて、わたしの希望を学長に述べるため、面会できるように事務室で嘆願しました。生徒の間で伝えられていた神話がわたしの脳裏に刻まれており、そのチャン・ヴァン・ザウ教授にはじめてお会いした日の朝のことを覚えています。そして今、わたしの目の前に、背が高く、意思の堅い顔つきをされ、温和な南部弁[8]を話す先生がいました。ときには、穏やかで気安く、ときには理由もなくいかめしい顔をされ、命令口調の先生がいました。わたしの説明を聴いた先生は、おおよそつぎのような説明をされました。

学校は生徒をふたつのグループに分けました。あなたの希望を尊重しますが、登校が遅れてしまったので自然科学部門は満席になってしまい、あなたは社会科学部門になりました。

わたしは自分の好みや希望、そして遅れた理由を説明すると、とつぜん真剣な表情になり、決然とした口調で、

学校は社会科学部門の席を用意しました。あなたは学校の計画に従わなければなりません。

わたしは恐れ、腹ではむくれていましたが、先生に頭を下げてもどる以外には方法がありませんでした。

ほかに選択肢がなかったので、わたしは社会科学部門、つまり文学・歴史・地理部門で勉強しなければなりませんでした。当初は、学習に不安があり、時々こっそりと数学・物理学の講義を聴き、転科の方法を考えていました。当時、学校には学生のための〝自己育成〟の場がありました。毎晩、勉強がおわると午後一〇時以降に、民家で勉強して

いる三人、四人の学生があつまり、〝自己育成〟の帳面をひらき、一日の仕事を記録し、自分の長所と短所を点検し、みなで合評しますが、その前に各自が話します。わたしは、勉強していないと何度も批判されました。

ある日、学務担当の秘書のグエン・ダム（作家のグエン・トゥアン氏の兄）氏に事務室にくるようによびだされました。かれはさっぱりとした性格で学生のことを心配する方でした。かれはチャン・ヴァン・ザウ学長の意見を伝えたのでした。

　あなたは社会科学部門で勉強してください。もしそうしなければ懲戒処分をうけます。

学校の規則や組織は厳格であり、また、当時は第Ⅳ区ではタインホアしか大学準備校はありませんでしたので、ほかに方法がありませんでした。わたしはそれが運命とあきらめざるをえませんでした。

それ以来、わたしは文学・歴史・地理部門で最善をつくしました。当時、わたしたちの世代にとって幸せだったのは、この大学準備学校に全国から多くの優れた教師があつまっていたことです。フランスでふたつの博士号を取得され、西洋文学とフランス語を教えたグエン・マイ・トゥオン[9]先生や歴史学のダオ・ズイ・アイン先生、東洋史学のカオ・スン・フイ先生、ベトナム文学のチュオン・トゥウ先生、地理学のグエン・ドック・チン先生などの著名な方です。また、自然科学部門でもグエン・トック・ハオ先生やフォー・ドック・トー先生、ホー・ダック・リエン先生など著名な先生方がいました。しかし、わたしたち学生にもっとも深い印象をあたえたのは哲学を教えていたチャン・ヴァン・ザウ先生でした。

最初は、フイトゥアン社のトアンティ部落で学び、そののちにドゥー市場に近いザンクエン社に移りました。学生は民家に二、三人で寄宿していました。教室は村の集会所[10]か村の大きな家でした。敵機の襲撃を避けるために夜によく勉強しました。学生はそれぞれ小さな折りたたみ椅子を購入し、机は教室に運びます。また、インクボトルやペニシリンボトルで手作りした灯油ランプがあり、机をぼんやりと照らすことができます。わたしたちは庭の真ん中に座って、先生は家の入り口の石段に置かれた机のところに、集会所では中に座っていました。明かりがたりなく、教師と生徒はお互いの顔がわかりませんでした。

ザウ先生は哲学を教え、実際にはマルクス・レーニン主義の哲学を『世界観』、『弁証法』、『史的唯物論』の三つの教科書で教えていました。カリキュラムは教師がつくり、生徒は石に文字を逆にして刻み、薄い紙で拓本をとるように、リトグラフ印刷しました。

そのつくる責任者は生徒のマイ・アン君でした。印刷用紙は戦争中に使われていた薄い紙です。わたしたちは、みなザウ先生の哲学書をもっていました。この書は、平和が回復[11]したのちに、内容を充実し、本として出版されました。

わたしはザウ先生の講義する姿をわすれることができません。先生の講義は明確、緻密な論理でかつわかりやすく、雄弁でみなを引きつけるものでした。先生は哲学の深遠な原理を説明するために、日常生活の例をとり、また歴史と結びつけて話されました。哲学の時間は、教室全体が物音もなく、一心に耳を傾けていました。先生の哲学講義は、わたしを新しい知識の世界、希望へと向かわせてくれました。わたしのクラスにはわたしの親戚のカオ・スン・ハオ（カオ・スン・フイ先生の息子）さんいて、音楽がとても上手で〝哲学を学ぶ〟という曲を作曲し、学校全体から高く評価され、よく歌われました。

ザウ先生の哲学とダオ・ズイ・アイン先生の歴史学は、興味をかきたてるものでした。おふたりの先生の教育方法おおきくことなっていました。ザウ先生は雄弁で活気があり、講義は生命の息吹と、わたしたちがよく語る〝赤い先生〟の革命家としての意志と熱意があらわれていました。先生は神話と伝説に覆われていました。先生は南部の大地主の出身であり、しかし革命にすすむために家や財産をすてたのでした。そして、フランスに留学し、モスクワで世界の共産党の指導者たちと東方勤労者共産主義大学で勉強して合格したかと思えば、南部における抵抗と蜂起の指導者となり、南圻六省の〝英雄〟として有名でした。ハノイに行き、ホー・チ・ミン主席がグエン・アイ・クォックであることを確認し、ホー主席に敬服したということです。先生の個性や演説の才、生きかたなどの話はまだたくさんあります。

アイン先生はまったく逆で、話し方はゆっくりと単調であり、ゆったりとした態度でした。アイン先生は本なしで話され、しかし講義は出来事や年代にかんして、厳密に分析され解釈されていました。ザウ先生とアイン先生の哲学と歴史学の講義を聴いて、わたしは次第に興味がわき、勉強に夢中になりました。これはわたしの学業において、自然科学から社会科学へうつる重要な転換点でした。

わたしが大学準備学校を卒業した一九五四年は、ディエンビエンフーの勝利とジュネーブ協定によって反仏戦争が成功した年でした。チャン・ヴァン・ザウ先生は首都ハノイに転任となり、わたしたちもまた大学で勉強をつづけるためハノイにもどるように命じられました。

わたしたちは何人かの同級生とベトバックの学生グループ——わたしたちの学校で補

講をしていた学生――と一緒にティウホアからフォーカット、ノークアン、チュオンミー、そしてハドンまでの道を歩きました。この道はまさに〝高貴な道〟であり、のちに講師や歴史学者になったとき、学生たちを引率して、明支配に蜂起したラムソン軍や清軍に抵抗したタイソン軍の行軍の道を研究するため、たどる機会がたくさんありました。ハドンからわたしたちは、はじめて電車にのってハノイに行きました。平和が回復し、解放されたばかりの首都にはいると新しい息吹を感じました。

一九五四年一〇月一〇日がハノイ解放日であり、わたしは五日後の一〇月一五日にハノイにいました。タイヤのゴムでつくったサンダル[12]と簡単な防護服を着て、わたしはホアンキエム湖[13]とハノイの各通りをぶらぶら歩いて数日間過ごしました。喜びと興奮のなか、そしてわたしの眼のまえに、はじめてみる千年にわたる土地の歴史がひろがっていました。まだ奨学金がでず、同窓のチュン・フイ・クイン君やチャン・ヴァン・ハン（現在ハノイ工科大学の数学教授）君たちと臨時の生活費をえるため塾を開きました。

文化師範大学と科学師範大学が正式に設立され、大学準備学校出のわたしたちは二年次に編入されました。わたしは文化師範大学の歴史地理クラスに配属されました。ザウ先生は、さらにベトナム近代・現代史を教えていました。チャン・ドック・タオ[14]先生は哲学史を教えていました。これらは重要な教科であり、わたしにあっている科目でした。この時点で、運命が整えられたように、歴史への道がわたしの目の前にひらかれました。以前とは別に、歴史を選んだことに本当に満足していたということです。

一九五六年、わたしは師範大学の歴史・地理コースの一期生として卒業し、ディン・スオン・ラム君[15]、チャン・クオック・ヴォン君[16]、グエン・ヴァン・ス君と一緒に大学に残るようにいわれ、一九五六年六月四日の政府決定（二一三八/TC）によって新設されたばかりのハノイ総合大学の教師になりました。ヴォン君とわたしは、ダオ・ズイ・アイン教授が主任をつとめるベトナム古代・中世史に配属され、教師が不足していたこともあり、わたしたちは一年生の講義を分担することになりました。ラム君とス君は、チャン・ヴァン・ザウ教授が主任をつとめるベトナム近現代史コースに配属されました。一九五八年、チャン・ヴァン・ザウ教授が歴史学科の学科長になりましたので、わたしはベトナム古代・中世史コースの主任になり、ディン・スオン・ラム君はベトナム近現代史コースの主任になり、ザウ教授の直接の指導のもとで働くことになりました。

ザウ教授は一九五八年から一九六〇年までのほぼ三年間、歴史学科を指導し、学科の強固な基盤をつくり、その成長と持続可能な発展を確実にしました。先生は教員の養成や史料室の設置、研究の推進、そしてとくに学生向けの教科書作成を担当していました。先生の指導のもと、短時間で、原始時代から現代までの八冊の堂々とした『ベトナムの歴史』の教科書をつくりました。

『原始共産制度』、『ベトナム封建制度史』第一巻を含むベトナム古代から中世の教科書は、チャン・クオック・ヴオン君とハー・ヴァン・タン君[17]が執筆し、『ベトナム封建制度史』第二巻はわたしが執筆、第三巻はわたしが責任者でチュー・ティエン氏、ヴオン・ホアン・トゥエン君、そしてディン・スオン・ラム君と分担執筆しました。一五〇〇頁を超え、一九cm×二七cmの大型の本で初版は一九六〇年に刊行され、一九六二～一九六五年に再版されました。この本は学生に時宜をえた資料を提供し、世論や歴史研究者にたかく評価され、教育省から表彰状をいただきました。これらの本は、ヴォン君とわたしが二六歳のときに書き、タン君はさらに若く二三歳で、全員が

ザウ教授と歴史学科４柱、こと４教授

〝研究生で助手〟でした。

今振りかえってみますと、大胆で無謀さが感じられます。チャン・ヴァウ・ザウ教授の組織、指導、鼓舞、激励がなければ、わたしたちは自分の力をこえるようなプロジェクトにとりくむことはできませんでした。学生向けの教材を用意することが急務であり、それがチャン・ヴァン・ザウ教授の指導方針でありました。その後、何度も教授から、

「君たちを海に放りこまないと、どうして君たちは泳ぎを早く習得でき、岸まで泳げるのですか。」

としたしくいわれました。さらに先生は、

「だれかが泳げない場合、かれは海に沈んでしまう。しかし、幸いにもだれも溺れませんでした。」

たしかに、これらの編集作業が終わったのちに、わたしたちは自信をもって迅速に研究に邁進できました。

一九六〇年に、チャン・ヴァン・ザウ教授は国家科学委員会（のちの社会科学委員会、その後、社会科学院、そして現在の国家人文社会科学センターに改名）に異動されました。しかし、わたしと歴史学科の古くからの学生は、いつも先生からしたしく熱心に助言を

うけてきました。わたしたちは先生の学生であったことに感謝と誇りをもっています。

わたしが成長し、歴史研究者、歴史学教授になったとき、多くのひとが一族の道、ファン・フイ・チュー[18]の道を継続したといいました。正直なところ、わたしはもともと歴史にまったく興味がなく、歴史学の道にはいるつもりもありませんでした。逆に高校生のときは自然科学、とくに数理学を勉強したいと思っていました。

わたしがタインホアの大学準備学校に入学したとき、わたしに社会科学を勉強するよう強くすすめたのはチャン・ヴァン・ザウ教授でした。それから、ザウ教授とダオ・ズイ・アイン教授の熱心な指導をうけ、支えられて歴史研究と教育にたずさわることになりました。ザウ先生から哲学と歴史学にかんする多くの知識だけでなく、その意志や自立の精神、研究への情熱、講義と教育の方法などを学びました。そして、人間としての生き方を学びました。ですから、先生はわたしの学問と研究人生の転換点をつくられた方です。

八五歳になられたチャン・ヴァン・ザウ教授を祝して、忘れることのできない学生時代と若き日の研究の思い出を記し、先生に心から感謝申し上げます。

（一九九六年冬、ハノイにて）

【注】

1 ファン・フイ・レー教授（一九三四〜二〇一八年）。ハーティン省出身で歴代の学者や官僚を輩出した家系に生まれる。ハノイ総合大学教授（のちのハノイ国家大学人文社会科学大学）で専門はベトナム古代・中世史。ベトナム歴史学会・会長など数々の要職を歴任。第一次インドシナ戦争終結（一九五四年）以降のベトナム歴史学研究をけん引した〝四柱〟のひとり。ほか三名は、チャン・クオック・ヴオン教授（歴史考古学、民俗学）、ハー・ヴァン・タン教授（先史考古学、史学理論）、ディン・スオン・ラム教授（ベトナム近現代史）である。数多くの著作がある。一九九四年に学者として最高峰の〝人民教師〟号を授与される。一九九六年には福岡アジア賞授与。日本との学術交流のうえで大きな貢献を果たす。

2 ハーティン（Ha Tinh）省。北中部に属する省で近現代の革命家を多く輩出した地域。

3 第一次インドシナ戦争（一九四五〜一九五四年）のとき、ベトナム民主共和国政府は全国を行政・軍管区として大きく区分した。北部を三連区（第一、第一〇、第三）、中部を二連区（第四、第五）、南部を一連区（第七、第八、第九、特区サイゴン・チョロン）とし、各連区に連区闘争委員会と連区司令部を設置した。一九五七年以降は軍区となる。その第四区は、北中部の反仏闘争地域でタインホア省、ゲアン省、ハーティン省、クアンビン省、クアンチ省、トゥアティエン省の地域である。

4 タインホア省に一九五一〜一九五四年に設置される。

5 第一次インドシナ戦争の期間。

6 魚板をなめて飯を食べたひとの故事にちなんでひとを侮る語。北部出身者にたいする差別語として使われる。けちんぼの意。

7 ゲアン・ハーティン地域のこと。

8 ベトナム語はオーストロアジア語族中のモン・クメール語族のベト・ムオン語族に属する。方言差があり、大きく三地域にわけられる。北部方言、中部方言、そして南部方言である。

9 一九〇九年、あるいは一九一〇年から一九九七年。学者でベトナム革命家。ハノイ市生まれ。一九二七年に渡仏し、モンペリエ（Montpellier）大学で学ぶ。一九三二年に法学博士と文学博士号取得。帰国後、教師となり、反仏活動をする。ハノイ師範大学副学長などを歴任する。

10 村の守護神の神社（đình）。村民の集会所もかねる。

11 一九五四年、ディエンビエンフーの戦いによってフランスが敗北した。

12 ホーチミン・サンダルのこと。

13 ハノイの中心にある湖。

14 チャン・ドック・タオ（TrầnĐứcThảo、一九一七〜一九九三年）はタイビン（Thái Bình）生まれの哲学者。一九三九年にフランスに留学しパリ教育大学で学ぶ。一九四三年に哲学修士号取得。反仏闘争に参加し、一九五一年に帰国、翌年に教授。一九五四年以降、ハノイ師範大学、ハノイ総合大学教授を歴任する。多数の著作がある。

15 ディン・スオン・ラム（Đinh Xuân Lâm、一九二五〜二〇一八年）はハーティン省出身の歴史学者。一九五六年から一九九〇年、ハノイ師範大学、ハノイ総合大学教授を歴任。一九八八年、人民教師号をあたえられる。著書多数。

16 チャン・クオック・ヴオン（Trần Quốc Vượng、一九三四〜二〇〇五年）はハーナム省出身の考古学者。一九五六〜二〇〇五年まで、ハノイ総合大学の教員で一九八〇年以降、教授。著作多数。

17 ハー・ヴァン・タン（一九三七〜二〇一九年）はハーティン省出身の考古学者。一九六七〜一九八八年までハノイ総合大学歴史理論コース主任と考古学院院長などを兼任。一九八〇年以降、教授。著書多数。

18 漢字で書くと〝潘輝注〟（Phan Huy Chú、一七八二〜一八四〇年）。阮朝初期の学者で官人。著書に『歴朝憲章類誌』など多数。黎朝後期以降に学者や官僚を輩出した家系でファン・フイ・レー教授もその家系につらなる。

解説

一　時代背景

菊池誠一

一　ベトナムの概要

東南アジアの大陸部の東側、南シナ海に面したベトナムは、人口が九六〇〇万人（二〇一九年現在）ほどで、国土は日本よりやや狭いS字形をしている。政治の中心が北部の首都ハノイとすれば、経済の中心が南部のホーチミン（旧サイゴン）市である。

今から一千年ほど前、ベトナムに最初の長期的な封建王朝が成立した。北部に成立した李朝で、その後、陳朝、胡朝、黎朝、西山朝とつづき、北から南へと領土を拡大していった。最後の王朝は一八〇二年に成立した阮朝で、ほぼこのころには現在のベトナム領土を支配するようになった。阮朝は都を中部のフエにおき、国号を越南（ベトナム）とした。阮朝は一三代の皇帝がつづき、最後の皇帝バオダイ（保大）は、一九四五年八月三〇日に退位し、ここに封建王朝は終焉した。

一九世紀前半、欧米列強は東南アジアの植民地化をもくろんだ。ベトナムは、インドから中国にむかうルート上の南シナ海に長い海岸線をもつことから、格好の餌食となってしまった。一九世紀後半から、フランスによる植民地支配をうけ、そこからベトナム人の独立への苦難の道がはじまった。そして、日本軍による支配をうけ、第一次インドシナ戦争、ベトナム戦争へとつづき、終結したのが一九七五年のことである。大国フランス、アメリカ、そして日本の、一〇〇〇年余りにわたる支配・侵略の軛をとき、独立と自由を勝ちとったのであった。ホーチミンは遺書（一九六九年）に、

わたしたちの国は、フランスとアメリカというふたつの強大な帝国に勇敢に闘い勝利し、世界の解放運動に価値ある貢献をした、小さな国であるという、おおきな名誉を手にするでしょう。

と、ベトナムの未来をみすえた。

二　植民地の形成

阮朝第二代皇帝のミンマン（明命、位一八二〇～一八四〇年）は、フランスが通商をもとめたのに鎖国政策をした。第四代皇帝のトゥドゥック（嗣徳、位一八四七～一八八三年）のとき、フランスはダナンを砲撃（一八五六年）し、一八六一年にベトナム南部メコン・デルタの三省[1]を武力占領した。その背景には、南シナ海における拠点の確保とメコン・デルタ産の米穀の輸出、そしてメコン川を通じたカンボジア、ラオスなどの東南アジア大陸部への進出などの狙いがあった。

これにたいして、阮朝は抵抗を試みたものの嗣徳帝は屈服し、第一次フエ条約[2]によってダナンなどを開港し、フランス軍の北部出兵を認めた。このフランス軍の行動にたいして、宗主国である中国は、ベトナム北部に出兵するも、戦況が不利になると、李鴻章[3]を代表としてフランスと天津条約[4]を結び、フランスの意向を認めた。これによって、ベトナムはフランスの保護国となり、国家的主権を失った。そのため、ベトナムでは対仏抵抗がひろがっていった。

三　民族運動の展開

一八六二年から一八八四年にかけて、フランスはインドシナ全域の支配権を確立した。こうしたフランスの権威の確立にたいして、ベトナムの村落内の文紳（漢学知識人で村のリーダー）たちは、西洋文明の摂取をしつつもベトナム王権の回復を願う民族運動を展開しはじめた。

その代表者がファン・ボイ・チャウ（一八六七～一九四〇年）である。科挙試験に合格したかれは、一八八五年の文紳蜂起に参加し敗北した経験をもつ。しかし、二〇世紀初頭にベトナムに流入した中国の改革運動や日本の近代化に刺激をうけ、かれは維新会を組織し、ベトナム独立への援助をもとめて日本にわたった。日本で人材育成の必要を痛感したかれは、ベトナム青年を日本に留学させ、留学生は二〇〇人をこえたという。これを東遊運動というが、一九〇七年の日仏協約によって日本政府は、反仏ベトナム人留学生を取り締まった。このことにより日本に絶望したチャウは、活動拠点を香港に移した。

こうした運動とは別に、新しい知識人の活動もはじまった。その代表的人物がファン・チャウ（チュウー）・チン（一八七二～一九二六年）である。かれは、一九〇六年に科挙（副榜）に合格した。しかし、朝廷に失望し、フランスの協力による官僚制度の改革やベトナム社会の旧弊の打破などを考え、ハノイにドンキン（東京）義塾を設立し、啓蒙教育をおこなった。

こうした動きにたいして、フランス植民地政権は、教育にフランス語・文化の導入をはかり、植民地体制を支える中間層の育成につとめた。インドシナ大学の設立、初等教育にベトナム語を導入し、親仏知識人の養成につとめたが、かれらはその後、民族運動の大きな担い手になっていった。その代表的な人物のひとりが本書の主人公のチャン・ヴァン・ザウ教授である。

四　第一次世界大戦とロシア革命

一九世紀末になると、欧米列強の生産力や技術力、軍事力がおおきく発展し、それを背景に、アジア各地に植民地や従属国をつくる動きがでてきた。この動きを帝国主義といい、さきにみたように、この外圧にたいする抵抗運動がおおきく育った。

一方、列強のひとつ、フランス国内では労働運動がさかんになり、一九〇五年にフランス社会党が誕生した。ドイツ国内では、一九一二年に社会民主党が議会で第一党になった。これらの政党を支えた理論が、マルクス主義であった。

マルクスとエンゲルスによって創始された科学的社会主義は、資本主義社会の本質を解明し、資本主義社会後の社会主義・共産主義社会の必然的到来を予測したものだった。

マルクスは、『経済学批判』（一八五九年）、『資本論』第一巻（一八六七年）など、盟友のエンゲルスとともに『共産党宣言』（一八四八年）などを発表した。また、エンゲルスは『空想から科学へ』（一八八三年）、『家族・私有財産および国家の起源』（一八八四年）などの著作を刊行し、マルクスの死後、『資本論』（第二部、第三部）をまとめた。

マルクスの発見になる「史的唯物論（唯物史観）」[6]と「余剰価値説」[7]は、その後の学術世界や労働運動におおきな影響をあたえた。

一九一四年、第一次世界大戦がはじまった。帝国主義諸国間の覇権争いに端を発したこの戦争は、おおきな社会変動と国民意識の変化をもたらした。その一つがロシア革命である。

レーニンは一九一七年に、一〇月革命[8]を成功させ、世界で初の社会主義国（ソヴィエト社会主義共和国連邦、以下、ソ連）を誕生させた。

一九一九年、レーニンに指導され、各国共産党を支部とする国際組織のコミンテルン

（共産主義インターナショナル、第三インターナショナル）が誕生した。この組織は、世界革命をめざすとともに、民族解放運動を支援する方針をとった。

一九二二年、コミンテルンが極東諸民族大会を開催して、植民地での民族運動へのかかわりを強める方針をとったことから、フランスなど植民地宗主国は反発した。一九二四年にレーニンが亡くなると、スターリンが権力を掌握し、世界革命を主張する反対派を一掃し、ソ連一国だけで社会主義を実現するという、一国社会主義の方針がとられた。

この一連の動き、一〇月革命の成功とヴェルサイユ講和会議（一九一九年）におけるアメリカ大統領ウィルソンの〝民族自決〟の提唱、そしてコミンテルンの方針は、植民地国の人びとにおおきな影響をあたえた。

五　一九二〇～三〇年代のベトナム

この時期に国際社会に登場してくるのが、ホー・チ・ミンである。第一次世界大戦が終結し、勝利した欧米列強は世界市場を再分割した。かれは植民地の独立をもとめるため、フランス共産党に入党、その後、コミンテルンと深くかかわり、帝国主義時代における植民地解放運動を科学的社会主義の観点から学んだ。

一九二五年にベトナム青年革命会（同志会ともよばれる）を結成し、ベトナム人のなかに共産主義をひろげていった。そして、ベトナム国内で分裂していた共産主義組織[9]を統一して、ベトナム共産党（一九三〇年）を結成した。

しかし、チャン・フーやコミンテルンのクートヴェで学んだ若い世代のレ・ホン・フォンハー・フイ・タップらは、コミンテルン第六回大会（一九二八年）で提起された、帝国主義戦争に反対する運動は、一般的な平和主義者の反対運動とはことなり、支配階級を倒す階級闘争で戦争防止をするという、階級闘争の観点を重視したため、ホーの路線と対立することになった。

ホー・チ・ミンの考えは、ベトナム人の愛国主義と共産主義の結合を模索する点であり、チャン・フーらは、かれの愛国主義のなかに非階級的観点をみたのである。そのため、同年一〇月に党名をインドシナ共産党とし、翌年にコミンテルンの正式支部となり、初代書記長にチャン・フーがついた。そのため、ホーの影響力が弱まった。

この路線の相違については、ザウ教授も回想しているように、当時の若い世代はコミンテルン路線を絶対視し、ホーの考えを理解できなかったことによろう。

ところで、インドシナ出身でクートヴェに学んだ活動家の総数は五四名という。[10] 短期コース（一～一年半）と正規コース（三～四年）があり、おそらく、ザウ教授は短期コースに学び、論文を提出したのであろう。回想にでてくるように、同じころ、レ・ホン・フォン（その後、インドシナ共産党第二代書記長、獄死）やハー・フイ・タップ（同、第三代書記長、刑死）と一緒に学んでいた。

一九二九年、アメリカからはじまった世界恐慌（一九二九～一九三三年）は、植民地ベトナムにも深刻な影響をあたえた。労働者や農民が困窮し、大衆闘争が活発になり、ゲティン・ソヴィエト蜂起がおこった。しかし、敗北しインドシナ共産党はほぼ壊滅してしまった。

世界では、この恐慌のなか社会情勢が悪化し、ドイツや日本ではファシズム勢力が台頭した。この危機に、コミンテルン第七回大会（一九三五年）で、第六回大会以降の左傾化を変更して、反ファシズム闘争の人民戦線方針をとり、民族的契機を重視した。しかし、その後、スターリンの介入によってこの方針は反古にされてしまった。

六　第二次世界大戦とベトナム

一九三九年、ドイツがポーランドに侵入し、第二次世界大戦がはじまった。

これにさきだち、日本は満州事変（一九三一年）をおこし、傀儡国家〝満州国〟を建国し、さらに戦火を拡大していった。アメリカやフランス、ソ連などは中国政府を支援するため、ベトナムからの〝援蔣ルート〟を通して物資をはこんだ。

一九四〇年六月、フランスがドイツに降伏すると、日本は日中戦争打開のため、〝援蔣ルート〟の遮断と東南アジアの資源獲得をめざし、同年九月に軍を仏印（フランス領インドシナ）北部に進駐させ、翌年には南部に進駐、ベトナムは日本とフランスの二重支配となった。

こうした動きにたいして、共産党の一部は北部や南部で蜂起をしたが、植民地政権の弾圧をうけ失敗した。とくに、南部のナムキー（南圻）蜂起（一九四〇年一一月）はハー・フイ・タップら、指導部の大半が逮捕・処刑されるなど、ほとんど壊滅状態におちいった。この時期、ザウ教授は、七年間の獄中にあり、〝赤い先生〟として獄中闘争をつづけていた。

一九四一年、コミンテルンの代表としてホー・チ・ミンが三〇年ぶりに祖国に帰国し、日仏共同支配を打倒すべく、民族統一戦線のベトナム独立同盟（ベトミン）を結成した。

一九四四年には、ヴォー・グエン・ザップ[11]の指導下に解放宣伝隊、のちの人民軍が誕生した。

日本軍は現地で米穀をなかば強制的に調達し、また軍事物資であるジュートの植えつけを強制、おりしも天候不順なども追いうちをかけ、北部に大飢饉が発生した。その死者は二〇〇万人ともいう。

七　八月革命と第一次インドシナ戦争

一九四五年三月、日本軍は連合軍の反攻を予想し、植民地政権が連合軍に呼応することを危惧し、クーデタをおこして植民地政権を倒し、単独支配した（仏印武力処理）。

しかし、ホー・チ・ミンは日本の降伏が決定的となった一九四五年八月一三日から一五日にかけて、ベトナム北部のタンチャオで共産党全国会議をひらき、連合軍が上陸する前に総蜂起を決定した。八月一九日のハノイ蜂起、二三日のサイゴン蜂起とつづき、バオダイ帝は三〇日に政権をベトミンに移譲し、退位した。この過程を八月革命という。ザウ教授は、ほとんど壊滅状態であった南部の共産党組織の再建に書記長として従事し、サイゴン蜂起の実質的な指導者となっていた。

一九四五年九月二日、ホー・チ・ミンが独立宣言を発し、ここにベトナム民主共和国臨時政府が樹立した。独立宣言には、

わたしたち民族は、フランスの手からではなく日本の手からベトナムの国を取りもどした。

という文言があり、日本軍から権力を奪う革命であった。

本書にのせたティエン氏の回想にあるように、サイゴンでも独立宣言を聴くはずであったが、ハノイからの電波を受信できず、急遽、ザウ教授が演説をした。このとき、かれは南部臨時行政委員会の主席であり、トップの立場であった。

九月二三日、サイゴンではフランス軍とこれに呼応する勢力がクーデタをおこし、市内の行政権を掌握、行政委員会はザウ教授を主席とする抗戦委員会を組織し、抵抗を開始した。しかし、ことごとく主要都市を奪われていった。

一九四六年、フランス軍がハノイに進駐、民主共和国政府はフランス政府と交渉するが、南部にコーチシナ共和国を樹立したことにより、全面戦争に突入した。これが第一次インドシナ戦争である。ザウ教授は、一九四八年まで、西部戦線軍事委員会の担当者として、タイやカンボジアで活動をした。

第一次インドシナ戦争は、ディエンビエンフーの戦い（一九五四年）でフランス軍要塞が陥落して終結、ベトナムは〝平和回復〟をした。しかし、ジュネーヴ条約により、ベトナムは一七度線を境に南北に分断され、北にはベトナム民主共和国（通称、北ベトナム）が、南部にはベトナム共和国（通称、南ベトナム）ができ、二年後に南北統一選挙をするはずであったが、南ベトナムのゴー・ディン・ジエム政権とそれを支援するアメリカが拒否し、その結果、一九七五年までつづくベトナム戦争へと突入することになった。

八　ベトナム戦争とその後

アメリカの支援をうけ、南部で成立したジェム政権は反政府主義者を弾圧、独裁政治をすすめ、これにたいして南北統一をもとめる人びとは、南ベトナム解放民族戦線を結成した（一九六〇年）。

一九六四年にアメリカ軍は北爆を開始し、本格的にベトナムに介入をはじめた。そして、一九七三年の撤退まで凄惨な戦闘があり、さらにベトナム共和国軍によって戦闘はつづけられたが、一九七五年四月三〇日に、解放軍勢力の勝利におわり、翌年に南北統一のベトナム社会主義共和国となった。

その結果、南部社会の急速な社会主義化がなされたことにより経済活動に混乱をきたし、大量の都市生活者が難民となって海外に逃げた。難民報道は、自由と独立のための解放戦争を闘いぬいたベトナムのイメージをおおきく損ねることになった。

当時、隣国カンボジアではポル・ポト政権が独裁政治をすすめ、自国民を大量虐殺し、ベトナム国境を侵犯していた。カンボジアの反ポル・ポト勢力を支援したベトナム人民軍は、プノンペンを解放し、カンプチア人民共和国が成立した。ポル・ポト派は、タイ国境地域を支配し、徹底抗戦をした。ポル・ポト派を支援していた中国は、このベトナムの介入にたいしてベトナム北部に軍をすすめ（中越紛争）、社会主義同士の戦争というあらたな世界的状況をうみだした。

カンボジア侵攻を非難した日本などは、ベトナムへの経済的支援を凍結したことにより、ベトナムは経済的危機に陥った。

立ち行かなくなった経済を再建するため、レー・ズアン党書記長の死後、市場経済的改革に積極的なチュオン・チン党書記長のもと、一九八六年にドイモイ（刷新）政策が実行された。この政策は、社会主義を実現するための過程の発想を刷新する考えであり、そのため、農業を重視した現実的経済の建設、市場経済原理の導入、国際的協力関係の拡大をスローガンにした経済政策をとった[12]。

以後、紆余曲折はありながらも、豊かなベトナムをめざし、歩みはじめている。

【注】

1　ビエンホア（辺和）、ザーディン（嘉定）、ディントゥオン（定祥）。

2　第一次（一八八三年、アルマン条約）と第二次条約（一八八四年、パトノートル条約）があり、ベトナム全土がフランス植民地となることを定めた条約。

3　李鴻章（一八二三〜一九〇一年）は、中国清朝末期の政治家。おもに外交を担当し、日清戦争（下関条約）などにかかわった。

4　天津条約（一八八五年）は、清朝とフランスの間に結ばれた、清仏戦争の講和条約。この条約によって、清はベトナムに対する宗主権を放棄し、フランスの保護権などを承認した。

5　第七代皇帝のハムギー（咸宜）が、一八八五年に抗仏の激「勤皇の詔」を発し、これに呼応して文紳らが蜂起した。

6　史的唯物論とは、生産力とその生産関係からなる経済的構造（下部構造）と、その上に政治・法律・

宗教・哲学などの制度や意識が形成され（上部構造）、その生産関係と生産力の矛盾によって、歴史が発展するという考え。社会は、生産力に応じてことなる形をとり、それを社会構成体、あるいは生産様式とよび、人類はアジア的生産様式（原始共産制）、古典古代的生産様式（古代奴隷制）、封建的生産様式（農奴制）、そして近代ブルジョア（資本制）をたどり、つぎに社会主義・共産主義社会が到来する、という考え。

7 剰余価値説とは、資本の生産過程において、労働者の労働力の価値（賃金）を超えて生みだされる価値。それを資本家が搾取する、という考えである。

8 ロシア暦で一〇月。西暦では一一月のため、一一月革命ともいう。

9 インドシナ共産党、アンナン（安南）共産党、インドシナ共産主義連盟の三組織のこと。

10 栗原浩英 二〇〇五『コミンテルンシステムとインドシナ共産党』八六頁、東京大学出版会。

11 ヴォーグエン・ザップ（一九一一〜二〇一三年）は、政治家で人民軍大将。国防大臣や副首相などを歴任。中部クアンビン省生まれで、一九三〇年、共産党に入党し、中国に亡命。そのとき、ホー・チ・ミンと出会う。一九五四年のディエンビエンフーの戦勝、その後のベトナム戦争を指導し、南部解放に導く。〝赤いナポレオン〟〝天才戦略家〟の異名もあり、国民に絶大な人気があった。数多くの著作があるが、日本語訳に『人民の戦争、人民の軍隊』『忘れられない年月』『総蜂起への道』『ベトナム解放宣伝隊』がある。若いときに、歴史の教師をしていたことがあった。

12 古田元夫 一九九五『ベトナムの世界史』二四〇〜二四一頁、東京大学出版会。

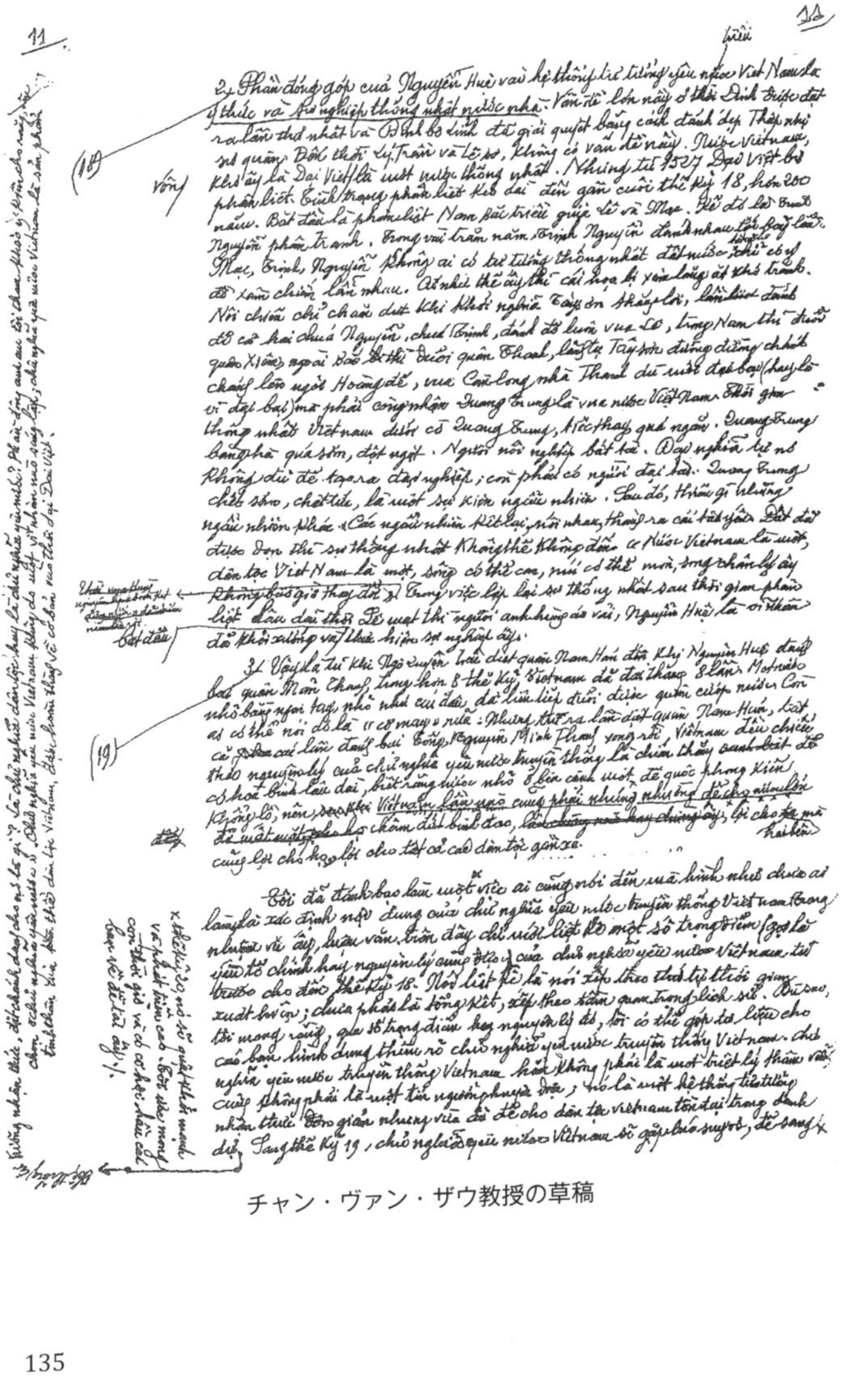

チャン・ヴァン・ザウ教授の草稿

二　歴史学者・教育者として

一　革命家から研究者へ

チャン・ヴァン・ザウ教授は一九五一年に革命運動からはなれ、教育者・研究者としてあらたな活動を開始した。その辺のことについては、本書で紹介した本人の回想記やファン・フイ・レー教授の回想記に詳しい。

フランス軍と交戦中、解放区のタインホアに設立された大学準備学校から、平和回復後にはハノイの大学、そして一九五六年に創設されたハノイ総合大学歴史学科の初代教授として、哲学やベトナム史を講義、教科書を編集し、学生を育てた。教育のかたわら、大学の共産党委員会の書記長の要職を兼任するなど、大学行政にもかかわった。

革命運動からはなれた理由について、本人は明確に語っていないが、生前にザウ教授にインタビューをしたことがあるベトナム史研究者で早稲田大学の坪井善明教授は、ハノイ党中央から、その独自のイニシアチブと南部における影響力の大きさを恐れられ、（略）、七六年までサイゴンに戻ることを許されなかった。[1]
との見解をしめしている。また、
ザウは式典（独立式典―筆者注）の直後ハノイから派遣されてきたホアン・クオック・ヴィエットと折り合いがあわず、プチブル的偏向と非妥協的で暴力的な行動を非難されて党中央からの信任を失い、政治指導者としては歴史の表舞台から姿を消さざるをえなかった。[2]
ともいう。
この点については、筆者はまったくわからないのだが、研究者・教育者として大学の整備にとりかかった教授は、もともと教えることに長けていたこともあり、平和回復後の大学教育の大きな礎をつくった。

二　歴史学者として

歴史学者としておおきな功績は、三点にまとめられよう。
一点目は、ベトナム歴史学界にマルクス主義を体系的に移植したことである。[3]
当時、哲学教授にチャン・ドック・タオ氏がいた。植民地時代にフランスに留学し、哲学修士号を取得したかれは一九五二年に教授となり、師範大学、そしてハノイ総合大学の哲学科の学科長などを歴任した。『現象学と弁証法的唯物論』[4]（一九五一年）などの著作があり、西洋哲学史を担当し、マルクス主義も講義した。[5]

ザウ教授もマルクス主義を講義し、『世界観』[6]（一九四八年）、『弁証法』[7]（一九五五年）、『史的唯物論』（一九五七年）などを著し、マルクス主義を体系的に紹介した。

ほかに、史的唯物論をもとに歴史を講義したダオ・ズイ・アイン教授がいる。かれは、一九二八年に新越革命党（のちのインドシナ共産主義者同盟）に入党、書記長を歴任し、マルクス主義を学んだ。その後、歴史学、文学、言語学、辞書学など多彩な分野で多くの業績をのこし、現代の百科全書派ともよばれた。一九四五年末にハノイに開設したばかりのハノイ文化大学でベトナム史を講義し、

> 大学でベトナム古代史やベトナム文学をはじめてベトナム語で教え（略）、古代史の内容だけではなく、新しい議論と結論に到達するための研究方法を説明した。その結論は、これまでわが国の学生が聴いたこともないことであり、時々説明する内容は、だれもが熱心に知りたいと思っていた史的唯物論的と関係した。[9]

と回想し、さらに、ベトナム史を執筆するうえで、

執筆するために史料を整理していると最初に時期区分をどうするか、を解決しなければなりませんでした。わたしがその問題に悩んでいるのに気づいた多くの知人は、マルクスの意見にもとづくスターリンの図式にもとづいて明確にする方がよいと助言してくれました。（略）。当時の世界史についてのわたしの理解から、古代・中古・近代・現代という時期区分は、マルクス主義の歴史家の図式と比較して、史的唯物論の基本的な論点をより適切に反映しているとみていました。人類社会の歴史は、各生産方式に沿った発展と交代の歴史です。[10]

と回想している。かれは史的唯物論の観点から、『ベトナム古代史』[11]（一九五七年、全四巻）、『ベトナム史—起源から一九世紀まで』[12]（一九五八年）などを著している。

このように、設立当初の歴史学科には、史的唯物論にもとづくベトナム史研究を推進した二名の教授がいた。前近代史を担当したアイン教授と近現代史を担当したザウ教授である。

二点目は、ベトナム近代史とベトナム思想史の分野を開拓しことである。

このことは、回想でも語られ、その代表的な成果は、（『ベトナムの労働者階級』[13]（全三巻、一九六二～六三年）であり、社会主義形成における労働者階級の役割を歴史的にあとづけ、その階級の重要性を指摘した。

また、各大学の教科書となった『ベトナム近代史』[14]（第一巻～第四巻、一九六〇～六三年、編著）で、一三〇〇頁もある大著である。その前に、『ベトナム史（一八九七～一九一四年）』[15]（編著、一九五七年、三二八頁）を刊行し、近代史の叙述の先鞭をつけた。

思想史分野では、『一九世紀から八月革命までのベトナムにおける思想の発展』[16]（一巻・二巻は一九七四～一九七五年、三巻は一九九三年、全約一〇〇〇頁）が代表的著作である。回想記にもあるように、封建時代における革命の失敗と八月革命の勝利にいたる思想の歴史的形成をあとづけている。

三点目は、前述とも関連するが、ホーチミン思想の概念と重要性を指摘した最初の学者のひとりである。[17]

回想でも語っているが、二〇世紀の革命運動のなかで、唯一成功したのが、ベトナム革命と自負している。その背景には、マルクス・レーニン主義（科学的社会主義）だけではなく、ベトナムの伝統である〝愛国主義〟を取りこんだホーチミン思想の存在の大きさを指摘している。

各国の共産党は、マルクス・レーニン主義を自国の状況にあわせて創造的に適用するというが、ベトナムの場合は、創造的適用以上の内容を含んでいる。つぎの、ホー・チ・ミンの言葉がそれを裏づけている。

ホー・チ・ミンは、道徳の修養を重んずる孔子の学説やキリスト教の博愛心、孫文の三民主義、マルクス主義の弁証法を優れたものと考えており、

これらの方々は、みな、人類の幸福をはかり、社会全体の幸福を考えてきた。もしこれらの方々がまだこの世に生きていて、一箇所に集まったならば、きっと親友のようにきわめて仲良く暮らしたに違いないと、私は信じている。私も、これらの方々の小さな弟子となるように努力したい。[18]

と発言し、マルクス・レーニン主義者の公式見解には収まらない人類文明にたいするひらかれた視座をもっていた。[19] ザウ教授が最後の仕事とした『ホー・チ・ミンの道徳』『ベトナムの道徳』は未完におわってしまった。ザウ教授が、〝道徳〟に焦点をあてた理由として、ソ連をはじめ東欧諸国の崩壊をマルクス主義理論の崩壊ではなく、それを運用する組織体制、意思決定過程、そしてなによりも指導者層の人間性に焦点をおきたかったことのあらわれであろう。ホー・チ・ミンの考え、行動、人間としての姿勢などを高く評価していたのである。

三　教育者として

ザウ教授は教育者として、アイン教授とともに多くの研究者を育てた。とくに、歴史学科の〝四柱〟と称された、ハー・ヴァン・タン教授（故人、先史考古学）、チャン・クオック・ヴオン教授（故人、歴史考古学）、ファン・フイ・レー教授（故人、ベトナム前近代史）、ディン・スオン・ラム教授（故人、ベトナム近現代史）を育て、かれらがその後のベトナム史研究をさらに深めていった。

タン教授は、助手のとき、ベトナム文化省が中国の王仲殊氏と主催したドンソン遺跡の発掘調査にはじめて参加し、以後、ザウ教授から考古学を専門とするように指導された[20]。ザウ教授は、一九六〇年に、ソ連のレニングラード大学教授で考古学者のボリスコフスキーを招聘し、若きベトナム人考古学者を養成することに尽力された。

チャン・クオック・ヴオン教授は、ザウ教授が授業で開口一番、〝大学＝独学〟という文字を板書したことに、強烈な印象をうけた。また、一九五四年からの土地改革[21]にともない富農であったヴオン家族が苦しい立場にたたされ、本人も放校処分されようとしたとき、ザウ教授の擁護により学業をつづけられたと回想している[22]。そして、ニャンヴァン・ザイファム事件に言及している。

ニャンヴァン・ザイファム事件とは、一九五五〜一九五八年にわたり、知識人や作家たちがベトナム労働党（のちの共産党）の文芸政策と党批判をしたことにより、新聞「ニャンヴァン（人文）」と雑誌「ザイファム（佳品）」が発禁処分をうけ、かかわった関係者が処分された。

この事件に、大学関係者もかかわっていた。党批判をした学者に、歴史学科のカオ・スアン・フイー教授[23]やダオ・ズイ・アイン教授、チャン・ドゥク・タオ教授らがおり、党側についたのがハノイ総合大学初代学長のグイ・ニュー・コンツム教授[24]、文学のダン・タイ・マイ教授[25]、歴史学科のファム・フイ・トン教授[26]らであった。

この事件によって、アイン教授は一九五八年はじめ、ハノイ総合大学から教育省、その後史学院に移籍することになった。ザウ教授が事件にどのように対処したのかよくわからないが、この事件の発生時の歴史学科長をしており、困難な対応を迫られたことは想像に難くない。回想【教育者として】の「人間生活では嵐を避けるのがむずかしく」と語る部分は、そのことと関係しているかもしれない。

そして、ヴオン教授はザウ教授から、

あなたは、アイン教授からひきつづき学ばなければなりません。Il Est un bon historien（かれは良い歴史学者です。）

と、後半のフランス語でいわれたことまでよく覚えているという。

そして、二〇年後にザウ教授の言葉をアイン教授に伝えたところ、

ザウさんは、そのようなことをいったのですか。

といって、放心状態になったという。[27] ザウ教授の真意を、このときはじめて知ったのであろう。

ザウ教授は、一九六〇年から史学院にうつり、一九七五年の退職まで勤務し、その後、故郷の南部にもどった。史学院在職中に多くの著作を刊行した。

アイン教授は『歴朝憲章類誌』『大越史記全書』『大南実録』など、漢文史書の現代べ

ヴォー・グエン・ザップ将軍と

チャン・ヴァン・ザウ教授著作集全３巻

トナム語訳などにとりくみ、人文社会科学分野で多大な業績をのこした。

チャン・ヴァン・ザウ教授は、一九八六年にホーチミン市歴史学会を設立し、初代会長となり、全国組織であるベトナム歴史学会の名誉会長をヴォー・グエン・ザップ将軍と担うこととなった。

一九九二年に、教師の最高の栄誉である〝人民教師〟号うけ、一九九六年に、最高の栄誉であるホーチミン賞（第一回）をベトナム史研究にたいして贈られた。ちなみに、アイン教授は死後の二〇〇〇年に、ベトナム古代史研究の業績にたいして、ホーチミン賞が追贈された。

ザウ教授は生前に土地や家屋などすべての私財を売却し、えられた資金でベトナム歴史研究と哲学研究にたいする助成制度を創設した。

そして、二〇一〇年一二月一六日、一〇〇歳になっていたザウ教授は、みごとなまでの革命的人生と研究人生を静かに閉じたのであった。

記念切手

チャン・ヴァン・ザウ教授の長年の功績にたいして、翌年、国はかれの肖像を描いた記念切手を発行した。そして、ホーチミン市には、かれの名を冠した高等学校が開設された。

【注】

1 石井米雄監修　一九九九『ベトナムの事典』二〇四頁、同朋社。

2 坪井善明　二〇〇二『ヴェトナムの現代政治』八〇頁、東京大学出版会。

3 Nguyễn Văn Lịch（グエン・ヴァン・リク）"NHÀ TRIẾT HỌC CHIẾN ĐẤU"（「戦闘的哲学者」）、*TRẦN VĂN GIÀU DẤN ẤN TRĂM NĂM*, tr.334, NHÀ XUẤT BẢN TRẺ（『チャン・ヴァン・ザウ　一〇〇年の象徴』三三四頁、チェー出版社）。

4 *Hiện tượng học và phép duy vật biện chứng*

5 Nguyễ Quang Hưng（グエン・クアン・フン）氏のご教示。

6 *Vũ trụ quan*

7 *Biện chứng pháp*

8　*Duy vật lịch sử*
9　Đào Duy Anh（ダオ・ズイ・アイン）、*NÓ NGHĨ CHIỀU HÔM*（『午後の思索』一九八九年）、NHÀ XUẤT BẢN TRẺ, tr.115.
10　注5、一一八〜一一九頁。
11　*Lịch sử cổ đại Việt Nam*
12　*Lịc sử Việt Nam từ nguồn gốc đến thế kỷ* xxi
13　*Giai cấp công nhân Việt Nam*
14　*Lịch sử cận đại Việt Nam*
15　*Lịch sử Việt Nam*
16　*Sự phát triển của tư tưởng ở Việt Nam từ thế kỷ x xi đến Cách mạng Tháng Tám*
17　注2、八〇頁。
18　古田元夫　一九九六『ホー・チ・ミン—民族解放とドイモイ』一〇〜一一頁、岩波書店。
19　注8の九〜一六頁。

20 Hà Văn Tấn（ハー・ヴァン・タン）"40 NĂM HỌC TẬP VÀ NGHIÊN CỨU" *GIÁO SƯ SỬ HỌC NHÀ GIÁO NHÂN DÂN Hà Văn Tấn*, tr.14.

21 地主・富農の土地財産を接取し、これを貧農に分配する改革であったが、ゆきすぎがあり、責任者のチュオン・チン書記長が解任された。

22 チャン・クオック・ヴオン、TÌNH NGHĨA THẦY TRÒ（「教師と生徒の信義」）、*TRẦN VĂN GIÀU DẤU ẤN TRĂM NĂM*, tr.298, NHÀ XUẤT BẢN TRẺ（『チャン・ヴァン・ザウ　一〇〇年の象徴』三二四頁、チェー出版社）。

23 Cao Xuân Huy

24 Ngụy Như Kontum

25 Đặng Thai Mai

26 Phạm Huy Thông

27 注22と同じ、二九八頁。

あとがき

二〇世紀は戦争の世紀であった。欧米列強と日本の植民地・従属国で苦しめられた人びとにとっては、独立と自由をもとめる民族解放闘争の時代でもあった。その時代、帝国主義と戦争に反対し、民族解放闘争の理論的支柱となった科学的社会主義（マルクス・レーニン主義）は、闘う人びとにおおきな影響をあたえ、行動の指針となった。

しかし、一九八〇年以降のソ連をはじめとするいわゆる社会主義国家の崩壊は、科学的社会主義への信頼をおおきく揺るがせた。また、現存する中国や北朝鮮の一党独裁体制による国民抑圧の政治体制は、本来の科学的社会主義とは無縁な体制であったが、表面的には科学的社会主義への否定にもつながっていった。

こうした情勢のなかで、ベトナム共産党は、その支配を維持するため一九九〇年代からホーチミン思想を強調するようになった。晩年のザウ教授は、ホーチミン思想の研究こそ、今後のベトナムの未来を考えるうえで重要と指摘する。ホー・チ・ミンの考え方と人間としての生き方、高潔な人格を尊敬してのことであろう。

これまで、どんな政治的組織であれ、ひとりの人間が一〇年、二〇年と組織のトップに立ちつづけること、あるいは独裁体制をしくことは、そこに住む人びと、あるいは組織人を不幸に陥れてしまう、という事実を歴史は証明している。


ところで、高校の世界史教科書（『詳説世界史B』山川出版社や『世界史B』三省堂）に登場するベトナム人は「阮福暎、ファン・ボイ・チャウ、ホー・チ・ミン、バオ・ダイ（政権）、ゴ・ディン・ジエム（政権）」の五名である。もともと、欧米や中国のあつかいに比べて、東南アジアの項目は少なく致し方ない面もあるが、ベトナム史のなかで近代以降にかぎっても多彩な人物が輩出されている。そうした人物のなかで、ホー・チ・ミンやボー・グエン・ザップ、グエン・ティ・ビンなどの革命家の著書はすでに日本語訳があり、そのひととなりを知ることができる。

本書の主人公は、日本のベトナム史研究者にはよく知られた人物である。しかし、ベトナムに関心をもつ一般の方々にはほとんど無名に近かった。訳者は、八月革命の英雄、チャン・ヴァン・ザウ教授の崇高な理想とそれにたちむかった情熱と行動に、そしてベトナムの近現代史研究の基礎をつくり、同時に次世代の研究者を養成したひたむきな努力に深く敬意を表している。そのため、かれの歩んだ道を日本の皆さまに知ってほしい、という思いから訳出し、紹介したしだいである。

本書は、ベトナムに関心のある方、すでにベトナムを訪れた方、あるいは今後、旅行をしたいと思っている方々の眼に触れられることを期待したい。

最後に、訳出にあたって、ハノイの人文社会科学大学（旧ハノイ総合大学）のグエン・ヴァン・キム（Nguyễn Văn Kim）先生、ダン・ホン・ソン（Đặng Hồng Sơn）先生、グエン・クアン・フン（Nguyễn Quang Hưng）先生、東京大学東洋文化研究所の菊池百里子氏のご教示をいただき、翻訳に不備があるとすれば、訳者の責任である。ご寛恕を乞うしだいである。

また、出版にあたり、本の泉社の新舩海三郎氏をはじめ、関係者の皆さまに心からお礼申し上げる。

二〇二〇年九月二日（ベトナム独立宣言七五周年記念の日に）

【参考文献】

・日本語文献

石井米雄監修　一九九九『ベトナムの事典』同朋社。
石井米雄・桜井由躬雄編　一九九九『新版世界各国史5　東南アジア史Ⅰ』山川出版社。
栗原浩英　二〇〇五『コミンテルン・システムとインドシナ共産党』東京大学出版会。
白石昌也　一九九三『東アジアの国家と社会5　ベトナム　建国と建設のはざま』東京大学出版会。
坪井善明編　一九九五『アジア読本　ヴェトナム』河出書房新社。
坪井善明　二〇〇二『ヴェトナム現代政治』東京大学出版会。
ファン・ゴク・リエン監修　今井昭夫監訳　二〇〇八『ベトナムの歴史―ベトナム中学校歴史教科書』明石書店。
古田元夫　一九九一『ベトナム人共産主義者の民族政策史―革命の中のエスニシティー―』大月書店。
同　一九九五『ベトナムの世界史―中華世界から東南アジア世界へ』東京大学出版会。
同　一九九六『ホー・チ・ミン―民族解放とドイモイ』岩波書店。
不破哲三　一九九四『史的唯物論研究』新日本出版社。
桃木至朗編集代表　二〇〇八『新版　東南アジアを知る事典』平凡社。
和田正彦　一九九一『近現代の東南アジア』日本放送出版協会。

・ベトナム語文献

Đại Học Quốc gia Hà Nội, 2006, *Chân Dung Một Thế Kỷ Đại Học Quốc Gia Hà Nội*. Nhà Xuất Bản Đại Học Quốc Gia hà Nội.

本書は、ハノイ国家大学の一〇〇年間の代表的な教授を紹介する。

Đào Duy Anh, 1989, *Nhớ Nghĩ Chiều Hôm*. Nhà Xuất Bản Trẻ.

ダオ・ズイ・アイン教授の回想録。

Hội Đồng Quốc Gia Chỉ Đạo Biên Soạn Từ Điển Bách Khoa Việt Nam, 1995-2005,*Từ Điển Bách Khoa Việt Nam, Tập 1-4*, Nhà Xuất Bản Từ Điển Bách Khoa.

ベトナムの百科事典全四巻。

Khoa Lịch Sử, 1997, *Giáo Sư Sử Học Nhà Giáo Nhân Dân Hà Văn Tấn*. Nhà Xuất Bản Đại Học Quốc Gia hà Nội.

ハー・ヴァン・タン教授の研究論文と業績目録などをのせる。

Nguyễn Phan Quang, 2011,*Giáo Sư Trần Văn Giàu nghe Thầy kể chuyện*. Nhà Xuất Bản Tổng Hợp Thành Phố Hồ Chí Minh.

グエン・ファン・クアンによるチャン・ヴァン・ザウ教授の聞書き。本書は、これによる。

Nguyễn Văn Chiển, Trịnh Tất Đạt, Đồng chủ biên, 2012, *Từ Điển Bách Khoa Đất Nước Con Người Việt Nam, Tập i・ii* , Nhà Xuất Bản Từ Điển Bách Khoa.

ベトナムの国土と人物にかんする百科事典、全二巻。

Phan Văn Hoàng, chủ biên, 2013, *Trần Văn Giàu Dấu Ấn Trăm Năm*. Nhà Xuất Bản Trẻ.
チャン・ヴァン・ザウ教授関係者の回想記。グエン・タイン・ティエン氏とファン・フィ・レー教授の回想記はその書による。

Trần Quốc Vượng, 2001, *Khoa Sử & tôi*. Nhà Xuất Bản Đại Học Quốc Gia hà Nội.
チャン・クオック・ヴオン教授の回想録と関係者の回想。

ウキペディア・ベトナム　https://vi.wikipedia.org/wiki/Vi%E1%BB%87t_Nam

時期	ザウ教授	ベトナムの動き	日本と世界の動き
一八〇〇～四九		一八〇二 ベトナム最後の王朝（阮朝）の成立 一八四七 第四代皇帝トゥドゥック帝（嗣徳）即位 同 ダナンでフランス海軍と衝突	一八〇二 ナポレオン終身統領となる 第一帝政（皇帝ナポレオン、位一八〇四～一四） アヘン戦争（一八四〇～四二）
一八五〇～五九		一八五八 仏越戦争（～六二年） 一八五九 仏軍サイゴン占領	仏第二帝政（ナポレオン三世、位一八五二～七〇） 一八五八 日米修好通商条約、安政の獄（～五九）
一八六〇～六九		一八六二 サイゴン条約（仏、ベトナム南東部獲得） 一八六七 仏、ベトナム南部獲得	一八六七 マルクス『資本論』第1巻 一八六八 明治維新
一八七〇～九九		一八七四 第二次サイゴン条約（仏、ベトナム北部を占領） 一八八三 フエ条約（仏、ベトナムを保護国） 同 嗣徳帝没 一八八七 仏領インドシナ連邦成立 一八九〇 ホー・チ・ミン誕生	一八七七 西南戦争 一八八四 清仏戦争（～八五） 一八八五 天津条約（清朝、仏のベトナム保護承認） 一八九四 日清戦争（～九五）

一九〇〇～一〇		一九〇〇 ファン・ボイ・チャウ科挙（郷試）合格 一九〇四 ファン・ボイ・チャウ維新会結成 一九〇五～〇七 東遊運動（日本留学） 一九〇六 ファン・チャウ・チン科挙（副榜）合格 同 植民地政権・インドシナ大学創立（翌年、開学） 一九〇七 ファン・チャウ・チン、ハノイでドンキン（東京）義塾を開く	一九〇四 日露戦争（～〇五） 一九〇五 フランス社会党結成 一九〇七 日仏協約（日本政府に反仏ベトナム人の取り締まり要求） 一九一〇 大逆事件、日本（韓国植民地化）
一九一一	九月六日 現ロンアン省に生まれる	六月 ホー・チ・ミン、フランス船の見習いコックとしてベトナムを離れる	中国・辛亥革命（～一二）
一九一二		二月 ファン・ボイ・チャウ、ベトナム光復会組織 一二月 ホー・チ・ミン、アメリカ居住（翌年、ロンドン居住）	
一九一四		第一次世界大戦中に、インドシナからヨーロッパ戦線に兵士・労働者が動員される	

一九一七			ロシア一〇月革命
一九一八			一九一八 日本軍シベリア出兵
一九一九		ベトナム科挙試験廃止	六月 パリ講和会議 コミンテルン（第三インターナショナル）結成（～四三）
一九二〇		一二月 ホー・チ・ミン、フランス社会党大会に参加 フランス共産党の結成に参加	一月 国際連盟正式成立
一九二二	勉強開始		ソヴィエト社会主義共和国連邦成立（～九一）
一九二三		六月 ホー・チ・ミン、ソ連へ	九月 関東大震災
一九二四		一二月 ホー・チ・ミン、東方勤労者共産主義大学に入学	一月 レーニン死去 コミンテルン第五回大会
一九二五	仏・越小学校卒 九月 サイゴンのシャセルーブ・ラウバト学校入学	六月 ホー・チ・ミン、中国広州でベトナム青年革命（同志）会結成 七月 ファン・ボイ・チャウ逮捕・終身刑、釈放運動高揚	三月 孫文死去 同 治安維持法成立
一九二六	ファン・チャウ・チンの追悼運動に参加	三月 ファン・チャウ・チンの追悼運動、反仏運動拡大	

一九二七		グエン・タイ・ホックらベトナム国民党結成	
一九二八	九月 渡仏、フランス・トゥルーズ中等教育機関で学ぶ		六月 張作霖爆殺事件 コミンテルン第六回大会
一九二九	三月 フランス共産党に入党	革命同志会分裂、インドシナ共産党、安南共産党、インドシナ共産主義者同盟（のちの新越革命党）設立	一一月 スターリン独裁（〜五三） 世界大恐慌（〜三二）
一九三〇	五月一日 メーデーに参加、二二日デモ参加・逮捕 六月二四日 帰国 八月 インドシナ共産党に入党、高校教員	二月 ホー・チ・ミン、香港でベトナム共産党結成（のち、インドシナ共産党に改組） 二月九日 イエンバイ蜂起（ベトナム国民党） 九月 ゲティン・ソヴィエト運動	
一九三一	秘密裏に渡仏、マルセイユ共産党の〝無産〟新聞の編集 四月 モスクワへ、東方勤労者共産主義大学で学ぶ（〜一九三二年八月）	ゲティン・ソヴィエト運動壊滅 インドシナ共産党、ほぼ壊滅 インドシナ共産党書記長、チャン・フー獄死	九月 満州事変

一九三二	インドシナ共産党行動綱領草案の作成にたずさわる 年末にモスクワ・パリ経由で帰国（一九三三年初頭）	レ・ホン・フォン、ハーフイ・タップ、モスクワから帰国、広州に拠点をつくる	三月「満州国」建国宣言 五・一五事件
一九三三	二月 逮捕、五年の執行猶予刑、八月 南圻地方委員会書記長		一月 ヒトラー内閣成立 三月 日本国際連盟脱退を通告
一九三四	二月 釈放、一二月 党の第一回全国代表者大会（マカオ）出席	一〇月 ホー・チ・ミン、レーニン国際学校入学	スターリンの大粛清（〜三八）
一九三五	三月 党の第二回全国代表者大会（マカオ）出席 四月 逮捕・五年の懲役刑と一〇年の追放 七月 ハムロン監獄でハンガーストライキを組織 同月 コンロン監獄		七月 コミンテルン第七回大会（社会民主主義者を含めた統一戦線結成を決議）
一九三六	一月 政治犯（二〇〇〇人）と一般犯罪者を組織し、重労働に対するハンガーストライキを組織 六月 ハムロン監獄（〜四〇）	ホー・チ・ミン、民族植民地問題研究所に入所（〜三八）	二・二六事件 六月 フランス人民戦線政府成立（〜三八） （インドシナ政治犯一三〇〇人を釈放）
一九三七			日中戦争開始、日独伊三国防共協定

一九三八		六月 レ・ホン・フォン逮捕	四月 フランス人民戦線政府崩壊、フランス共産党非合法化
一九三九			第二次世界大戦開始（〜四五）
一九四〇	満期出獄、郷里へ、再逮捕ターライ政治囚収監所	一一月二三日 南圻蜂起（ハー・フイ・タップら処刑、南部の共産党ほぼ壊滅）	九月 日本軍北部仏印進駐 日独伊三国同盟
一九四一	ターライ政治囚収監所	五月 グエン・アイ・クオック、ベトナム帰国 同 ベトミン（ベトナム独立同盟）結成	七月 日本軍南部仏印に進駐 一二月 太平洋戦争開始
一九四二		八月 ホー・チ・ミンと名のり中国入り、逮捕・獄中生活（〜一九四三年九月）	
一九四三	一〇月 南圻地方委員会書記長、以後、党組織の再建		二月 日本軍ガダルカナル島撤退
一九四四		一二月 ベトナム解放軍宣伝隊結成。ベトナム北部で大飢饉（「二〇〇万人餓死」）	三月 ビルマで日本軍インパール作戦開始

一九四五	三月 日本軍のクーデタにともない南部の蜂起準備 八月 南部蜂起委員会主席、八月二三日 南部各省で蜂起 八月二五日 サイゴンにおけるデモ指導 九月二日 南部臨時行政委員会主席、独立式典で演説 九月二三日 南部抗戦委員会主席	三月九日 日本軍クーデタによって仏印を単独支配 八月一三日 インドシナ共産党一斉蜂起を決定（タンチャオ会議） 八月一六日 ベトナム民主共和国臨時政府樹立（ホー・チ・ミン大統領） 八月三〇日 バオダイ（保大）帝退位（阮朝消滅） 九月二日 ホー・チ・ミン独立宣言 一一月 インドシナ共産党偽装解散	二月 ヤルタ会談 六月 国際連合設立 七月 ポツダム会談 八月 広島・長崎に原子爆弾投下 八月一五日 日本全面降伏
一九四六	タイ・カンボジアで活動（〜一九四八、西部戦線軍事委員会担当）	フランス、南部にコーチシナ共和国樹立 一二月一九日 ハノイで全面戦争開始、ホー・チ・ミンが全国抗戦をアピール（第一次インドシナ戦争）	極東軍事裁判開始 一一月三日 日本国憲法公布（一九四七年五月三日施行）
一九四九	ベトバク区の法理学校の哲学教師	フランス、バオダイを元首とするベトナム国を発足	一〇月 中華人民共和国成立
一九五〇	ベトナム情報局長	中国・ソ連がベトナム民主共和国を承認 米英がバオダイのベトナム国を承認	朝鮮戦争（〜一九五三）

一九五一	タインホアの大学準備学校（のちの高等師範学校）の教員兼学長（〜一九五四）	二月インドシナ共産党をベトナム労働党に党名路線変更	九月 サンフランシスコ平和条約、日米安全保障条約調印
一九五三			三月 スターリン死去
一九五四	ハノイの文科大学・科学大学（のちのハノイ総合大学）の党委員会初代書記長	四月二四日ジュネーヴ会議開始 五月七日 ディエンビエンフー仏要塞陥落 七月二一日 ジュネーヴ協定調印、一七度線を境に南北分離	七月 自衛隊発足 ジュネーヴ国際会議
一九五五	国家認定の教授となる 『弁証法』	南部にベトナム共和国発足（大統領はゴーディン・ジエム）	八月 第一回原水爆禁止世界大会（広島）
一九五六	ハノイ総合大学党委員会書記長、歴史学科長	労働党、チュオンチン第一書記解任 一二月 雑誌『ニャンヴァン』『ザイファム』発禁処分、五八年まで言論統制強化	二月 ソ連共産党第二〇回大会でスターリン批判 五月 毛沢東、百花斉放・百家争鳴演説 一〇月 日ソ共同宣言（ソ連と国交回復）
一九五七	『史的唯物論』、『一〇月革命から八月革命まで』 『ベトナム労働者階級の形成』 『ベトナム史（一八九七年〜一九一四年）』		

一九六〇	国家科学委員会総書記 『ベトナム近代史』第一巻（共著）	一月 ベトナム民主共和国新憲法公布 レー・ズアン、労働党第一書記になる 一二月 南ベトナム解放民族戦線結成	
一九六一	『ベトナム近代史』第二巻、第三巻（共著） 『ベトナムの労働者階級』		
一九六二	史学院勤務（〜一九七五） 『ベトナムの労働者階級』第一巻、第二巻	二月 南に在ベトナム米軍事援助司令部設置、解放戦線の平定をめざす	
一九六三	『ベトナム近代史』第四巻（共著） 『ベトナムの労働者階級』第三巻		
一九六五		三月 アメリカ軍北爆を開始、ダナン上陸	ベトナム戦争（〜七五）
一九六八		一月 解放戦線南部各地でテト攻勢 三月 アメリカ軍ソンミ村で住民虐殺	

一九六九		六月一〇日 解放戦線、南ベトナム共和臨時革命政府樹立	一月 東大安田講堂事件
一九七三		一月二七日 パリ和平協定調印、アメリカ軍完全撤退 九月二一日 ベトナム民主共和国、日本と国交樹立	
一九七四	『一九世紀から八月革命までのベトナムにおける思想の発展』第一巻		
一九七五	退職後、ホーチミン市で研究生活 『一九世紀から八月革命までのベトナムにおける思想の発展』第二巻	四月三〇日 サイゴン解放、ベトナム共和国崩壊	
一九七六		南北統一し、国名をベトナム社会主義共和国に改称 ベトナム労働党をベトナム共産党に改名	二月 ロッキード事件発覚
一九七九		中越紛争勃発	ソ連アフガニスタンに軍事介入
一九八〇	『ベトナム民族の伝統的精神価値』		

一九八六	ホーチミン市歴史学会設立・名誉会長、ホーチミン市社会科学委員会主席、ベトナム歴史学会名誉会長	レー・ズアン書記長死去、ドイモイ（刷新）政策	
一九八七	『ホーチミン市文化地誌』第一巻（編著）		
一九八八	『哲学と思想』		
一九八九	『ホーチミン市文化地誌』（編著、全三巻）		
一九九〇	『ホーチミン主席とベトナム南部』（編著、全三巻）		東ドイツ消滅 翌年、ソ連崩壊
一九九二	国家認定の〝人民教師〟授与（教師として最高名誉）		
一九九三	『一九世紀から八月革命までのベトナムにおける思想の発展』第三巻		
一九九六	ホーチミン賞受賞（ベトナム史研究に対して）		
二〇〇六	『チャン・ヴァン・ザウ著作集』（全三巻）		

二〇一〇	一二月一六日 死去、国家主催葬儀 一二月二五日 郷里に埋葬		
二〇一一	九月 肖像を描いた記念切手発行		

編・訳者紹介

菊池 誠一（きくち・せいいち）

一九五四年、群馬県高崎市生まれ。学習院大学、同大学院修士課程、筑波大学大学院博士課程修了。ハノイ総合大学留学（一九九二〜一九九五年）。専門はベトナム考古学、博士（学術）。元昭和女子大学教授、元東南アジア考古学会長、一般社団法人日本考古学協会理事などを歴任。

著書に『ベトナム日本町の考古学』（二〇〇三年、高志書院）、*Nghiên cứu đô thị cổ Hội An từ quan điểm khảo cổ học lịch sử*（ベトナム語本、二〇一〇年、世界出版社、ハノイ）などがある。

ベトナム革命《かくめい》の隠《かく》れた英雄《えいゆう》
チャン・ヴァン・ザウの生涯《しょうがい》

二〇二一年 一月一八日 初版第一刷発行

編・訳 菊池 誠一
発行者 新舩 海三郎
発行所 本の泉社
〒113-0033 東京都文京区本郷二-二五-六
TEL 〇三（五八〇〇）八四九四
FAX 〇三（五八〇〇）五三五三
http://www.honnoizumi.co.jp/
印刷 音羽印刷株式会社
製本 株式会社村上製本所

ISBN978-4-7807-1985-7 C0022